古代歷史文化研究輯刊

三十編

王明蓀 主編

國家圖書館出版品預行編目資料

老莊思想的西域淵源／周運中 著 -- 初版 -- 新北市：花木蘭
文化事業有限公司，2023〔民112〕
目 4+166 面；19×26 公分
（古代歷史文化研究輯刊 三十編；第 1 冊）
ISBN 978-626-344-406-5（精裝）
1.CST：老莊哲學 2.CST：西洋文化 3.CST：東西方關係
4.CST：研究考訂
618   112010428

ISBN-978-626-344-406-5

古代歷史文化研究輯刊
三十編 第 一 冊   ISBN：978-626-344-406-5

老莊思想的西域淵源

作　　者	周運中
主　　編	王明蓀
總 編 輯	杜潔祥
副總編輯	楊嘉樂
編輯主任	許郁翎
編　　輯	張雅淋、潘玟靜　美術編輯　陳逸婷
出　　版	花木蘭文化事業有限公司
發 行 人	高小娟
聯絡地址	235 新北市中和區中安街七二號十三樓
	電話：02-2923-1455 ／傳真：02-2923-1452
網　　址	http://www.huamulan.tw 信箱 service@huamulans.com
印　　刷	普羅文化出版廣告事業
初　　版	2023 年 9 月
定　　價	三十編 15 冊（精裝）新台幣 42,000 元

《三十編》總目

編輯部　編

《古代歷史文化研究輯刊》
三十編 書目

佛教歷史文化研究專輯

《古代歷史文化研究輯刊》三十編
各書作者簡介・提要・目次

第一冊　老莊思想的西域淵源

作者簡介

　　周運中，1984 年生，江蘇省濱海縣人，南京大學學士，復旦大學博士，南京大學海洋文化研究中心特約研究員。著有《鄭和下西洋新考》《中國南洋古代交通史》《中國文明起源新考》《正說臺灣古史》《濱海史考》《九州考源》《秦漢歷史地理考辨》《鄭和下西洋續考》《西域絲綢之路新考》《唐代航海史研究》《道士開闢海上絲綢之路》《魏晉南北朝地理與政局研究》《百越新史》《中國東南的歷史進程》《明代〈絲路山水地圖〉的新發現》《牛津藏明末閩商航海圖研究》《山海經通解》《西遊文學的形成》《水滸故事的原型》《宋代〈金陵圖〉與〈清明上河圖〉研究》等書，發表論文百餘篇。

提　要

　　本書考證上古從印緬到滇川交通，三星堆所出雙手合十銅人有彝族的天菩薩髮型，彝族有很多印度血統，杜宇和梁利來自涼山。嫦娥是印度語言月亮 chandra 音譯，嫦娥偷吃的神藥是印度的 soma，即《水經注》雲南解毒藥升麻，也即《山海經》的壽麻。印度思想影響西南僚人，老子或是僚人北遷族裔。老子說的玄牝即毗濕奴化身黑牛，所以是騎青牛。太一（太液）是百越語言海洋的音譯。莊子受草原印歐文化強烈影響，藐姑射山白色仙人是塞種巫師，所飲仙露即塞人飲用的 haoma（soma）。周原出土塞人巫師像，麻姑、

蘑菇源自印歐語的巫，羽人和博山爐來自波斯。莊子提到窮髮、祝腎（肅慎）、徐无（余无）鬼、九方（鬼方）、大隗、北人無擇（無終、冒頓）、需役（粟弋），鯤鵬故事源自座頭鯨的南遷。闚跂和安期生來自焉耆，登假即義渠（焉耆）人登遐。

目　次

第二冊　唐五代宣歙及鄂岳地區經濟活動之比較

作者簡介

　　張淑惠，台中人。中國文化大學史學所碩士，現為國立台灣師範大學歷史學系博士候選人，專長為中國中古經濟史。

提　要

　　這本論文是以唐五代宣歙及鄂岳兩個區域為模型，對此段歷史時期的兩個區域各自具有代表性的產業活動進行比較。長江中游與長江下游的區域經濟史研究，以長期發展趨勢而言，長江下游幾乎是長期處於上風狀態。但若從區域史的細部研究，卻發現與大趨勢的走向不甚相同，有此消彼長的現象。故此論文不僅僅著眼於比較此兩區域的經濟活動優劣，而是期待能在比較區域史的領域中，透過不同角度的切入點，對長江中下游的經濟活動做出不同的詮釋。

　　宣歙，一個位於長江下游，自魏晉南北朝以來便開始逐漸富庶的地區；鄂岳，一個位於長江中游，從三國以來就是軍事重地，兵馬喧騰的地區。即使這兩個地區的城市發展走向並不一致，然而它們卻擁有幾乎相同的緯度、相同的氣候、相似的空間大小。相似的還不止這些，它們在政治上、經濟上，也擁有相同的體制。然而，為何在這麼相似的自然與人文環境下，這兩區在經濟上的發展，似乎南轅北轍？

　　在中國中古經濟史的研究中，近年來針對各區域的研究，如雨後春筍般湧出。然而極少人針對區域與區域之間的經濟活動，進行比較研究。筆者擬透過此兩區主力產業的分析，進而比較其商業活動與科舉教育，以此兩面向做檢測。此意義並不僅僅著眼於比較此兩區域的經濟活動優劣，更針對目前學界所認為的長江中游與長江下游長期發展趨勢，與宣歙及鄂岳地區互相對照，進行闡述與比較。期能透過區域史的細部研究，對大趨勢的走向有不一樣的理解。

目　次

第三冊　宋元之際呂氏家族研究

作者簡介

　　喬東山，男，1986 年生，河北石家莊人，歷史學博士，主要研究宋遼金元史，現為河北政法職業學院思政部副教授。在《浙江學刊》《元史及民族與邊疆研究集刊》《中國社會歷史評論》《宋史研究論叢》《人文中國學報》《中國中古史研究》《歷史文化研究》等海內外刊物發表論文近二十篇。著有《牧野典故》（中國社會科學出版社 2021 年）等書。

提　要

　　呂氏家族是宋元之際權勢顯赫的大族。這個大族的開創者是呂文德。除呂文德外，家族主要成員還有呂文德弟呂文煥、呂文信，從弟呂文福，呂文德子呂師夔、呂師望、呂師說、呂師龍，呂文德侄呂師孟、呂師張，呂文德女婿范文虎等。這個家族的歷史可以降元為界分為前後兩個時期。前一時期，該家族長期帶兵與蒙元作戰，立下赫赫戰功，為保衛南宋做出了重要貢獻。通過建立軍功，家族中多人擔任軍政要職，掌握了很大權力。而且，呂氏家族與一些有才幹的文人關係較好，並一度得到權相賈似道的大力支持，由此成為宋末首屈一指的武將家族，興盛一時。但與此同時，該家族一些成員的貪污腐敗、畏敵怯戰、嫉賢妒能等行為也給南宋帶來了巨大危害。可以說前一時期的呂氏家族既是南宋的保衛者，又是南宋的掘墓人，對國家起著雙重作用。

　　1273 年，守衛襄陽的呂文煥降元。緊接著，在元朝平宋戰爭中，呂師夔、呂文福、范文虎、呂師孟等紛紛投降。這標誌著呂氏家族為自己和家族的利益背棄了南宋。從此，該家族進入後一時期。呂氏家族投降後，積極為元朝滅宋服務，大大加速了南宋滅亡的進程。

　　平宋後，由於滅宋有功以及元朝需要故宋官員治理南方，所以呂氏家族依然受到重用。但他們因降將的身份而受到欺侮、歧視和嘲諷。隨著主要成員在元成宗大德年間去世，家族開始走向衰落。到元後期，由於子孫不肖和元朝壓制南人的政策，這個家族淪落傾謝，成為普通家族。一個曾經顯赫的大族無聲地消失於歷史舞臺。

目　次

第四冊 明代遼陽城

作者簡介

李智裕，男，漢族，1982 年 9 月 19 日出生，碩士研究生學歷，文博專業副研究館員職稱，遼寧省歷史學會會員，遼寧省契丹女真遼金史研究會會員，現工作於遼寧省遼陽市文物保護中心。以地區出土發現銘文銅器、石刻文物以及遼金時期渤海遺民群體為研究對象，累計在全國核心、省級學術刊物發表研究文章近四十篇。2010 年至今多次受邀參與全國、省級學術研討會。2015 年作為課題組成員之一，參與國家社科基金青年項目《金朝墓誌整理與研究》。

提 要

遼陽在中國古代歷史地位十分重要，是古代中原王朝經略東北重要之地，同時也是古代東北少數民族政權南下必爭之地，素有「東北第一城」之稱謂。到了明代，明朝統治者對我國東北地區的開發遠邁漢唐。在此歷史背景下，遼陽戰略地位更加重要，不僅是明代遼東都司治所所在地，也是東北地區政治、經濟、軍事、文化中心。目力所及，《明史》對明代遼陽城著墨不多，學界對明代遼陽城至今也沒有系統研究過，因此該題目頗有學術研究價值。《明代遼陽城》一書是以明代遼東方志《遼東志》、《全遼志》以及地區出土發現的相關歷史文物為研究載體，並搜集整理明朝朝鮮使臣私人著述《燕行錄全集》相關內容，以補正史、方志之闕。不揣愚陋對相關文獻、文物進行歸納總結，嘗試研究明代遼陽城城市面貌、政治機構、宗教信仰、文化教育等方面內容。《明代遼陽城》一書共分為九章：明代遼陽城牆與角樓、明代遼陽城官署（上）、明代遼陽城官署（下）、明代遼陽城寺廟與祭壇（上）、明代遼陽城寺廟與祭壇（下）、明代遼陽城都司儒學與書院、明代遼陽城忠烈祠、明代遼陽城州衛、明代遼陽城其他建築、附錄遼陽地區出土明代墓誌銘考釋等內容。旨在拋磚引玉，僅供學界今後對此研究題目參考之用。

目 次

第五冊　彭玉麟年譜

作者簡介

　　劉珈羽，貴州六盤水人。2021 年畢業於貴州大學文學與傳媒學院，獲文學碩士學位。現任職於六盤水師範學院教學質量監控與評估處（發展規劃處），兼文學與新聞學院中文系教師。

提　要

　　彭玉麟以軍政功績昭著於世，其文辭詩作、梅花丹青、書法題字亦受清人贊許。本年譜期以搜羅文獻，編年紀月，還原彭玉麟生平。本譜主要分為前言、凡例、年譜三部分。前言部分主要概述彭玉麟的生平，概括其人生經歷、軍功戰績、思想氣質、文學成就四方面內容，從多個角度來梳理其人生經歷和歷史地位。凡例部分對本譜編撰的原則和體例進行說明。年譜部分以彭玉麟年歲為界，總共分為七十五條。每條中的內容以「日」為單位，細緻梳理彭玉麟一生所歷之事。所引文獻主要出自彭玉麟及同時代友人的奏稿、詩集、信札等。同時，又藉助清代方志、史類文獻以及後人彙編的資料，聯繫其所處的社會政治環境，對彭玉麟的生平經歷、交遊往來、學術活動進行

細緻地編年。

目 次

第六冊　譚嗣同的經濟思想及其實踐之研究

作者簡介

周美雅，臺灣屏東人，1953 年生，淡江大學資圖系學士，中山大學中山所碩士，中山大學亞太所博士。基特分發高縣社教館幹事／兼組長、商調高師大圖書館組員／編審，甄陞文學院秘書。正修科大兼任助理教授。

研究專長：文化經濟學、經濟發展理論。學術深耕：「郊」在清代臺灣的經濟功能與社會公益上的貢獻（2014）、高雄城市意象成長的觀察（2020）。

人文參訪：北越／河內、馬來西亞／檳城。巡禮：日本黑部立山，馬祖東引攻略。城市學及文史素養等主題的拓展。

提　要

　　本論文主軸在《譚嗣同的經濟思想及其經世實踐》之研究。由研究方法蒐集歷史資料啟動，透過文獻詮釋法多元方式交叉檢證的學術探討。譚學經濟思想演變的脈絡，融合中、西科學知識濟世的富創新性。

　　譚學內涵，發展資本主義工商企業，國內的全民財富均等、國外的通商與財富均衡。與商父盛宣懷交鋒，礦業推廣的景象。求經濟自由為主普遍性與特殊性，更求完整的世界觀，為變法維新運動的理論基礎。湖南新政，瀏陽賑災，引進鄉紳財力、「以工代賑」工程。軍隊管理，海軍「寓兵於礦、於商」、陸軍「寓兵於農」。厚植人文經濟基礎，學會組織知識救國。啟迪民智塑造新民，奠立新基礎。創設「保衛局」，維護社經秩序與安全。追求天下智士、智民雙智並行理想。戊戌維新變法的實踐事業，籌經費之道，實施保護經濟策略。民權帶動經濟發展，仕紳階級為社會中堅，紳權為促進民權的手段。

　　譚學研究，經濟領域為聚焦期學術論文增能，平實的學術態度為譚氏史學的定調。破除被誇大的效應，探索譚學裡層蘊含的精髓所在。以民權帶動經濟發展的願景，值得回顧與探勘。譚氏救國圖存的努力，表達的鋒芒畢露與充滿智慧的主張，具有很高的學術價值和現實意義。整體而言，譚學經濟理念遠遠走在當時的前頭。

目　次

第七、八冊　清代禁戲圖存

作者簡介

　　李德生（1945～），原籍北京，旅居加拿大，係加拿大文化更新研究中心研究員，致力於東方民俗文化和中國戲劇之研究。有如下著作在國內外出版發行：

　　《束胸的歷史與禁革》（臺灣花木蘭文化事業有限公司出版 2021 年 3 月）；

　　《粉戲》（臺灣花木蘭文化事業有限公司出版 2021 年 3 月）；

　　《血粉戲及劇本十五種》（上中下）（臺灣花木蘭文化事業有限公司出版 2021 年 8 月）；

　　《禁戲》（上下）（臺灣花木蘭文化事業有限公司出版 2021 年 8 月）；

　　《炕與炕文化》（臺灣花木蘭文化事業有限公司出版 2021 年 8 月）；

　　《煙雲畫憶》（臺灣花木蘭文化事業有限公司出版 2021 年 8 月）；

　　《京劇名票錄》（上下）（臺灣花木蘭文化事業有限公司出版 2021 年 8 月）；

　　《春色如許》（臺灣花木蘭文化事業有限公司出版 2022 年 3 月）；

《讀圖鑒史》（臺灣花木蘭文化事業有限公司出版 2022 年 3 月）；

《摩登考》（臺灣花木蘭文化事業有限公司出版 2022 年 3 月）；

《圖史鉤沉》（臺灣花木蘭文化事業有限公司出版 2022 年 3 月）；

《旗裝戲》（臺灣花木蘭文化事業有限公司出版 2022 年 8 月）；

《二十四孝興衰史》（臺灣花木蘭文化事業有限公司出版 2022 年 8 月）；

《富連成詳考》（臺灣花木蘭文化事業有限公司出版 2023 年 3 月）；

《丑戲》（臺灣花木蘭文化事業有限公司出版 2023 年 3 月）；

《三百六十行詳考》（上下）（臺灣花木蘭文化事業有限公司出版 2023 年 3 月）；

提 要

「讀圖如讀史」是近代史學研究方面的一個重要的命題，已引起學術界廣泛重視。近年來，筆者在研究中國戲劇史的同時，刻意蒐集了許多清代官方在戲劇管理中，對所謂有關「禁戲」的明令禁燬，其出版物亦盡行銷毀。如今，在各大圖書館珍本庫中，還能找到的一些相關的書藉、傳奇、曲本、小說、話本、小唱本等。這些出版物上的插圖，還有宮廷內眷們暇時展玩的手繪戲曲畫片、民間的木版年畫和清末域外煙草公司出版的有關戲劇的香煙畫片等，筆者蒐集良多，內容豐富，滿目琳瑯。縱而觀之，實有步月登雲、騰蛟起鳳之歎。在朋友的鼓勵之下，遂產生編撰《清代禁戲圖存》的設想，擬從視覺圖像角度闡述清代「禁戲」的大致面目。同時，通過這些圖畫說明「禁戲」之所以「禁而難止」，「屢禁屢萌」，就是因為這些戲深接地氣，具有鮮活的生命力，方得以廣泛的流傳。

目 次

上 冊

第九冊　江西永豐科舉狀元傳

作者簡介

顧寶林，江西蓮花人。2012 年畢業於中國社科院研究生院，獲文學博士學位。現為井岡山大學人文學院教授、副院長及廬陵文化研究中心研究員，主要從事古代文學和江西省古代名人文化研究。近年來主持完成國家社科基

金項目 1 項、省部級項目多項，在《文學遺產》《文學評論》等刊物發表論文 50 餘篇，出版專著 2 部、古籍整理 2 部，榮獲江西省社科優秀成果獎二等獎 3 次。兼任中國歐陽修研究會副會長（2017）、江西省文藝學會歐陽修專業委員會副會長（2020）、江西省宋史研究會理事（2022）、吉安市歐陽修文化研究會顧問（2022）以及中國詞學研究會和中國文學地理學會理事（2015、2016）等。2016 年入選江西省「百千萬人才工程」。

提　要

本著在參資前人書寫和有關史料基礎上，用虛實相接的筆法詳盡地書寫了江西省永豐縣南宋時代的董德元、明代曾棨與羅倫和清末劉繹 4 位科舉狀元的生平事蹟及其影響，並對他們的學術成就和文學創作作了一定程度的探討與研究。全書從狀元仕宦案例入手，採用歷史事實與藝術加工的方式，盡可能地為讀者奉獻出一個個較為詳盡的狀元形象及其人生履歷與影響，多側面多視角展示那個特定時段特殊人物的心路歷程和社會狀況，為宣傳、反映地方狀元文化增添新的參考。

目　次

第十冊　晚清官僚文化中張裕釗書法的研究

作者簡介

陳奕君

彰化縣溪湖鎮第一屆藝術家（2023 年 04 月 16 日～2024 年 12 月 31 日）

中國張裕釗書法研究會　理事（2015 年 9 月迄今）

中國張裕釗文化園　副園長（2016 年 10 月迄今）

國立臺灣藝術大學　書畫藝術學系　碩士（2009 年 9 月～2013 年 6 月）

國立故宮博物院　書畫處　研究助理（2013 年 7 月～2015 年 12 月）

日本國立筑波大學　人間綜合科學研究科　藝術專攻　書領域　博士（2016 年 4 月～2022 年 3 月）

《晚清官僚文化中張裕釗書法的研究》（獲中國《大學書法》2022 年度大學生「十佳學術獎」）

提　要

本論從晚清官僚文化的視點檢討了張裕釗的書法。關於從張裕釗現存的墨跡、碑文書法、文獻資料，張裕釗的經歷、書作以時期別（咸豐年間、同治前半期、同治後半期‧光緒前半期、光緒中期以後的 4 期）分類，綜合性地考察了幕府與書院中與張裕釗的交流，以及關於書法風格的變遷。

各時期的官僚們收藏著碑版拓本，與他們交流的過程中形成張裕釗的書法，並有所展開。前階段（咸豐年間，同治前半期）從官僚們的書風直接影響，張裕釗書法的表現可見新的變化。後階段（同治後半期‧光緒前半期、光緒中期）可確認為關於官僚的訪碑（梁碑）活動與收藏品〈弔比干文〉的影響，實現線的粗度與宿墨運用的技法，開發了立體感的表現。據此，定調了其獨自的書風。

前人研究未言及的晚清官僚文化的視點中，張裕釗書法的形成與展開而檢討的結果，可以提示幕府這個交流場的重要性。官僚們以碑帖相互交流雖為時代的特徵，張裕釗攝取了他們所藏的各種碑帖，創造了獨自的特徵。特別是從隸書的筆法或結構開創了楷書的新表現，從晚期〈弔比干文〉所得到的「外方內圓」展開，由於與官僚莫友芝等的交流，進而達到此目的。解明了他們的書法或書法觀、收藏品為重要的作用，為本論文的意義所在。

目　次

第十一冊　清末民初日本清史專著要論——稻葉君山《清朝全史》與三島雄太郎《支那近三百年史》比較研究

作者簡介

　　趙晨嶺，1978 年生，中國人民大學史學理論及史學史專業博士，文化和旅遊部清史纂修與研究中心文獻信息處（清史圖書舘）處長、副研究員，研究方向為歷史編纂學。曾入選文化部青年拔尖人才，參與國家古籍整理出版專項經費資助重大項目《清代教育檔案文獻》，任分卷主編，著有《晚清日本漢文清史專著舉要——增田貢〈清史攬要〉〈滿清史略〉比較研究》《晚清日本漢文清史專著要論——佐藤楚材〈清朝史略〉研究》《〈清史稿・本紀〉纂修研究》，發表《〈清史稿・天文志〉纂修考》等論文。

提　要

　　1903 年，日本學者三島雄太郎出版了漢文清史專著《支那近三百年史》。1914 年，稻葉君山《清朝全史》日文版發行，同年即由中國學者但燾譯為中文在華出版。這兩部書是清末民初日本清史專著的代表之作。

　　本書首先將《支那近三百年史》的內容與 19 世紀七八十年代成書的增田貢《清史攬要》《滿清史略》、佐藤楚材《清朝史略》進行比較，分析其史學價值。之後從體裁結構、人物及形象刻畫、史事敘述、所涉清代典制、對華影響等方面對《清朝全史》與《支那近三百年史》進行比較研究。

　　通過分析比較可知，《支那近三百年史》和《清朝全史》雖然均有不少疏舛之處，但作為清末及民初日本學者編撰的章節體清史的代表作，都在歷史編纂學上有其開創性意義。在百多年來清史纂修與研究的學術歷程中，兩書和編年體的《清史攬要》、綱目體的《滿清史略》、紀傳體的《清朝史略》一起，構成了清史學科大廈上的基石，其作者和譯者的功績當為學界銘記。

目　次

第十二冊　史景遷的歷史敘事研究——以《婦人王氏之死》為中心的討論

作者簡介

　　國立臺東大學華語文學系碩士，現職臺東縣立卑南國民中學歷史科代理教師。獲第五屆登瀛詩獎佳作、2017 年臺灣教育大學系統學位論文獎文理類佳作。

　　喜歡讀歷史，其實歷史就像一面鏡子，可以從中鑑往知來，也可以從過往事件中學習並反省，成為人生抉擇的一種方向。閒暇之餘也喜歡寫古典詩詞，目前累積約三十多首。常把歷史事件變成詩詞的一種題材，透過文學表現的敘事手法從新賦予歷史新的詮釋。

提　要

　　歷史是人類過去生活的經驗展現，而歷史研究其實就是喚醒人們對過往生活的記憶。美國漢學家史景遷（Jonathan D. Spence，1936～2021）是一個能夠關注歷史人物性情的史學家，透過借用文學表現的歷史敘事手法，賦予它們有血有肉的身軀，探索他們在面臨生命困境時，如何去應對歷史洪流帶來的改變。

　　作為一個探索者和解釋者，歷史學家將瑣碎的歷史碎片，諸如人類生活

的各種圖像、遺跡、文字等整合起來,向世人敘說過去發生的故事,達到企圖再現過去人類的生活的目的。但歷史如果忽略了人的因素(思想或情感),便無法對當時時代或事件作出深刻的體認。史氏將錯綜複雜的事件與史料相互印證,以「說故事」的方式娓娓而談,讓西方讀者能夠對中國文化有所認識,也加深對中國歷史變遷的瞭解。

目 次

第十三、十四冊　宋代禪宗僧侶世俗化的研究

作者簡介

張俊儒，男，八十年代生人，籍貫甘肅慶陽，二零二二年於四川大學獲得博士學位，現從事古典文獻、佛教文獻等研究，有相關領域論文數篇。

提　要

宋代禪宗僧侶的世俗化表現具有多樣性的特點，本文擬從四個角度來做定性的分析，分別是寺院經濟的發展形式、寺院制度的創新狀況、僧侶的文學創作、寺主群體的導向性作用等。這四個方面代表了僧侶在經濟、制度、文化等各層次的實踐活動。僧侶作為這些關係網絡的核心，起到了勾連並推動的作用。因而研究這些要素的世俗化苗頭，就是在討論宋代僧侶乃至佛教的整體世俗化狀況。由布施作為根基的寺院經濟活動，推動了宗教機構組織方式的改革，即從甲乙向十方，以及兩院制向住持制的改進。經濟較好的情況下，部分僧侶從百丈清規的束縛中解脫出來，從事文史的創作活動，並取得了較高的成就。作為教派領袖的寺首擔負著內外兩方面的責任，對內統轄寺院並教導門徒，以接續佛教之慧命；對外則作為佛教的社會代理人，盡可能多的尋找與政府的合作機會。

目　次

上　冊

第十五冊　釋今釋研究

作者簡介

　　荀鐵軍，男，研究員，歷史學博士，廣州城市職業學院城市文化研究所所長。研究方向主要為專門史，發表論文數十篇，出版學術專著 5 部。主持教育部、廣東省和廣州市課題 11 項。《釋今釋研究》是作者獲得的 2019 年度廣東省哲學社會科學規劃嶺南文化項目（批准號：GD19LN20），已經結項。

提　要

　　本研究通過對明末清初嶺南遺民金堡的研究，考證其生平、交往、文論、詩詞等，並結合明末清初的政治、經濟、社會環境，探討以金堡為代表的明末清初嶺南遺民在明末天崩地壞的大變局之下的思想與行為，分析風雨飄搖下的南明政治生態，以及鼎革之後作為逃禪遺民的思想、宗教、文學、藝術等方面與其廣泛交往的互動關係；並將明末清初的嶺南遺民及其交往群體，置於廣東政治經濟社會發展的脈絡下，探討其在明清思想史、南明複雜的政治歷史、嶺南佛教之發展、逃禪遺民心態與價值觀念，以及在思想宗教文學藝術諸多方面的影響和意義。

目　次

序　黃國信

老莊思想的西域淵源

周運中 著

作者簡介

周運中，1984 年生，江蘇省濱海縣人，南京大學學士，復旦大學博士，南京大學海洋文化研究中心特約研究員。著有《鄭和下西洋新考》《中國南洋古代交通史》《中國文明起源新考》《正說臺灣古史》《濱海史考》《九州考源》《秦漢歷史地理考辨》《鄭和下西洋續考》《西域絲綢之路新考》《唐代航海史研究》《道士開闢海上絲綢之路》《魏晉南北朝地理與政局研究》《百越新史》《中國東南的歷史進程》《明代〈絲路山水地圖〉的新發現》《牛津藏明末閩商航海圖研究》《山海經通解》《西遊文學的形成》《水滸故事的原型》《宋代〈金陵圖〉與〈清明上河圖〉研究》等書，發表論文百餘篇。

提　　要

本書考證上古從印緬到滇川交通，三星堆所出雙手合十銅人有彝族的天菩薩髮型，彝族有很多印度血統，杜宇和梁利來自涼山。嫦娥是印度語言月亮 chandra 音譯，嫦娥偷吃的神藥是印度的 soma，即《水經注》雲南解毒藥升麻，也即《山海經》的壽麻。印度思想影響西南僚人，老子或是僚人北遷族裔。老子說的玄牝即毗濕奴化身黑牛，所以是騎青牛。太一（太液）是百越語言海洋的音譯。莊子受草原印歐文化強烈影響，藐姑射山白色仙人是塞種巫師，所飲仙露即塞人飲用的 haoma（soma）。周原出土塞人巫師像，麻姑、蘑菇源自印歐語的巫，羽人和博山爐來自波斯。莊子提到窮髮、祝腎（肅慎）、徐（余）鬼、九方（鬼方）、大隗、北人無擇（無終、冒頓）、需役（粟弋），鯤鵬故事源自座頭鯨的南遷。閭跂和安期生來自焉耆，登假即義渠（焉耆）人登遐。

前　言

　　古代文化雖然以儒家為主，但是道家的影響也很大。相對於儒家和法家的差異，道家和儒家、法家的差異更大。法家的李斯、韓非竟然都是儒家荀卿的學生，可見後世的儒法合流在上古早有端倪。

　　道家是道教的根底，佛教東來，促進了道教的產生。佛教剛到東方，很多人發現佛教和道家有類似之處，道士開始宣揚老子化胡說，認為老子西行出關，到了印度，變成釋迦摩尼。《後漢書》卷三十下《襄楷傳》記載延熹九年（166 年），襄楷上書漢桓帝：「或言《老子》入夷狄，為浮屠。」《三國志》卷三十，裴松之注引《魏略·西戎傳》：「浮屠所載與中國老子經相出入，蓋以為老子西出關，過西域，之天竺，教胡。」很多人認為道教是所謂的本土宗教，他們不知道，不僅是道教，即便是道家思想，也是受到域外文化影響才出現。

　　我這本書首次全面論證，老莊思想是受到印度和中亞文化的影響出現。老子化胡說之所以能流行，正是因為道家和佛家有很多相似點，而且釋迦摩尼和老子的時代也差不多。

　　考慮到佛家思想不會很快東傳，老子不太可能受到佛教思想影響。但是老子有可能受到印度教文化的影響，莊子有可能受到印度教文化和佛教思想的雙重影響，我還發現莊子受到中亞印歐文化的強烈影響。

　　在我之前，近代已經有學者論證上古印度文化對東亞的影響。衛聚賢提出墨子是印度人，墨子的思想確實和東方的思想迥異，類似西方思想，墨家應該也受到西域文化的強烈影響。當然，這不能證明墨子就是印度人。雖然他的觀點未必全部成立，但是極有啟發性。

　　丁山的著作長篇論證印度文化對楚文化的影響。丁山提出的論點很多，他認為楚人祖先火正吳回是梵語火 agni 的音譯，楚人祖先從母親的脅部生出，印度的雷神因陀羅（Indra）從母牛的脅部生出，毗婆尸（Vipasyin）菩薩也是從母親的右脅生出。楚人尚左，以肉袒示敬，楚史所讀的《三墳》即印度的三《吠陀》，另外《五典》、《八索》、《九丘》都是源自印度。屈原《天問》的宇宙起源論，類似《梨俱吠陀》的《創造讚歌》宇宙起源論。老子的有、無、道、一等名詞都是出自《吠陀》經典，楚國的芈姓出自印度的神藥 soma，楚人多長髯類似印度，支那是荊的音譯。〔註1〕

　　我認為丁山的論據，有的可以成立，吳回確實源自梵語的火 agni，脅生神話也接近印度，或許同源。楚人的宇宙起源論和老莊思想的很多方面，或許確實受到印度文化的影響。

　　但是其他證據不能成立，《八索》、《九丘》應該不是源自印度，《列子・湯問》提到八紘九野，就是八索、九丘。索、紘都是繩索，因為古人認為大地是用八根繩子，綁在大地中心的大柱子上，八根繩子維繫八個方向。九丘源自九州，《九丘》就是全國地理書。楚王姓芈，我認為源自侗臺語（百越語）的熊，泰語的熊讀 mii，而楚王正是姓熊。苗瑤民族崇拜熊，楚王出自苗瑤民族。荊的上古音是見母耕部 keng，讀音不接近支那 Cīna，支那不可能源自荊。

　　丁山又提出崑崙山類似須彌山，〔註2〕其實佛教傳入東亞之初，就有人發現崑崙山類似阿耨達山，我已經論證這很可能都是源自東亞和印度之間的青藏高原民族，崑崙山是青藏高原。〔註3〕

　　丁山又認為鄒衍的大九州說受到印度四大部洲的影響，赤縣神州源自東勝神洲。〔註4〕我認為兩個地理觀完全不同，印度的四大部洲是從印度人的角度來描述世界地理，《長阿含經》記載，東勝神洲，東狹西廣，就是東亞和東北亞的輪廓。南瞻部洲南狹北廣，就是南亞的輪廓，印度半島越往南越窄。西牛賀洲，以牛為貨，多牛多馬，正是西亞。北俱盧洲，其土正方，猶如池沼，正是中亞和北亞，有很多湖泊。

〔註1〕 丁山：《吳回考——論荊楚文化所受印度之影響》，《古代神話與民族》，北京：商務印書館，2005 年，第 339～389 頁。
〔註2〕 丁山：《論炎帝太嶽與崑崙山》，《古代神話與民族》，第 407～410 頁。
〔註3〕 周運中：《〈山海經〉崑崙山位置新考》，《中國歷史地理論叢》2008 年第 2 期。收入周運中：《山海經通解》，花木蘭文化事業有限公司，2021 年。
〔註4〕 丁山：《九州通考》，《古代神話與民族》，第 485～488 頁。

　　鄒衍的大九州說源自燕齊航海家的發現，《史記‧孟子荀卿列傳》：「以為儒者所謂中國者，於天下乃八十一分居其一分耳。中國名曰赤縣神州。赤縣神州內自有九州，禹之序九州是也，不得為州數。中國外如赤縣神州者九，乃所謂九州也。於是有裨海環之，人民禽獸莫能相通者，如一區中者，乃為一州。如此者九，乃有大瀛海環其外，天地之際焉。」大九州說的裨海（小海）是環繞東亞大陸的邊緣海，再外的陸地是東亞島鏈，再外面的大瀛海是島鏈之外的大洋（太平洋），這顯然不符合南亞的地形。〔註5〕

　　我認為赤縣可能是指孤獨地懸浮在大海之中，也有可能是源自蒙古語的白色 chagan，今天一般譯為查干、察罕等。上古音的赤縣是 thjak-huan，今天閩南語的懸還讀 guan，讀音接近。因為上古的環渤海還是東北亞民族的居住地，這些民族是向東亞島鏈移民的先行者，燕齊航海家受到東北亞民族的影響，我將在另書詳細論證早期日本文化受到北亞民族文化的強烈影響。白色可能是源自渤海沿海的鹽鹼地，土壤發白，所以被東北亞稱為白色之洲。也可能因為白色代表光明，白色神州即光宅天下之義。不過白色在我國傳統文化中表示喪葬，倒是在印歐文化中代表聖潔，東方人是葬禮用白色，西方人是婚禮用白色，所以白色神州的觀點或許還是源自胡人。赤縣最早出現在此處，後人誤以為赤縣是漢語，很晚才把都城周圍的縣稱為赤縣。至於神州也未必是抄襲印度人，很可能都是源自自我優越感。雖然丁山的論點有些不能成立，但是他的很多探索還是很有意義，對我們的思考很有啟發。

　　山東臨淄西辛戰國墓出土了波斯銀盒，湖北荊州望山戰國墓出土了人騎駱銅燈，這些都證明戰國時期早已和西域有很多來往，其實文獻和文物的證據還有很多。我此前出版的《山海經通解》已經論證《山海經》最早的圖文來自西域的胡人，胡人很早就來到中原各地，胡人巫師的方術文化和齊、燕的航海尋仙文化合流，產生了《山海經》等很多帶有濃重異域色彩的典籍。〔註6〕老莊思想正如《山海經》，不是來自黃土高原的農業宗法社會，所以看上去就和儒法思想差別很大，其實也是受到異域文化影響形成。

　　2013 年，廣西民族大學李秩匯的碩士論文《〈莊子〉受古印度思想影響考論》提出：《莊子》中的西王母、崑崙山與印度的烏摩、須彌山有關係，楚國受印度文化影響最深，郭店楚簡《太一生水》與《梨俱吠陀》中的《無有歌》、

〔註5〕周運中：《中國南洋古代交通史》，廈門大學出版社，2015 年，第 51～55 頁。
〔註6〕周運中：《山海經通解》，花木蘭文化事業有限公司，2021 年。

《創造讚歌》有極其相似的思想，莊子的「貴一」思想與此有關。道與梵高度相似，莊子與佛陀有相同的主旨思想和言意觀。莊子的生死觀與佛教相似，初具古印度輪迴思想。莊子與印度的寓言譬喻有很多共同性，都以水、鏡譬喻心性，都有豐富的動物寓言，印度的夢幻經驗可能是促成莊子夢文學的原因，莊子與佛教還有一致的平等精神與認識論上。

2014 年，同濟大學教授朱大可提出：老子是從楚國到印度的學者，投身印度的沙門運動，回到楚國創建道家學說。老聃的聃指耳朵下垂，正是史書記載的南方民族儋耳特徵，漢代在今海南島設立儋耳郡，漢代的雲南也有儋耳族群。印度的梵和哩多（Rta）為道提供了哲學原型，老子以車轂來讚頌無，《奧義書》也經常用車轂為喻，道家的遁世苦修來自印度，老子騎青牛源自印度人崇拜牛，莊子的很多概念也和印度文化有相似之處。〔註7〕

我認為上古氣候比現在更加濕熱，交通非常不便，四川、雲南與緬甸、印度之間是高山大河和熱帶雨林，艱險難行，所以印度和東亞之間的文化交流是斷續連接的有限交流，而不是全方位的直接交流。老子未必去過印度，但是他很可能是南方族裔，或許間接接觸到了傳到東方的部分印度文化，所以老莊思想有很多接近印度文化的內容。

我的這本書首先研究西南通往緬甸、印度道路開通的貿易基礎，再結合考古學、分子人類學、民族學的知識考證上古滇緬印路。再考證老子、莊子源自印度和中亞文化的成分，末尾附論西南的道家文化。

〔註7〕朱大可：《老子學說的印度原型》，《探索與爭鳴》2014 年第 6 期。

第一章　滇緬印路開通的經濟動力

　　從中原經過雲南到緬甸、印度的道路，經過熱帶雨林和高山大川，路程艱險，可是早在數萬年前，這條道路已經開通。分子人類學發現，東亞現代人類是從非洲遷出，經過印度到達東亞。到了夏商周時期，東南亞和雲南豐富的物產，也刺激商人來往於這條道路。

一、上古的金銀之路

　　上古人認為楚國的南部麗水產金，《韓非子・內儲說上》：

> 荊南之地，麗水之中生金，人多竊採金，採金之禁，得而輒辜
> 磔於市，甚眾，壅離其水也，而人竊金不止。

　　麗水可能是金水的通名，緬語的金讀作 hrwe，接近麗的上古音 lei。楚國的疆域不能到達伊洛瓦底江，此處的麗水未必是伊洛瓦底江，前人認為很可能是金沙江，金沙江的名字源自金砂。但也可能是韓非聽聞的誤解，麗水確實在楚地的西南，反映西南的金大量運到楚地。

　　南詔在今伊洛瓦底江，設麗水節度使，《蠻書》卷四說：「撲子蠻……開南、銀生、永昌、尋傳四處皆有……裸形蠻，在尋傳城西三百里為窠穴，謂之為野蠻。」卷六：「麗水城、尋傳大川城，在（麗）水東。」尋傳城西的裸體野人，就是《呂氏春秋》所說的野人。尋傳的撲子蠻，即麗水之西的僰人。

　　南詔還有金生、金寶、寶山城，《蠻書》卷六：「麗水城、尋傳大川城，在水東。從上郎坪北里眉羅苴鹽井，又至安西城，直北至小婆羅門國。東有寶山城，又西渡麗水，至金寶城。眉羅苴西南，有金生城。」卷七：「生金，出金山及長傍諸山、藤充北金寶山。」

我認為漢語的金、銀兩個字，很可能都是源自印度，世界語言體系中的金，大體上可以分為以下幾個大類：

1. 大陸北部類，比如英語的 gold，古突厥語的 altun，二者顯然同源，因為 g 作為喉音容易脫落，d 和 t 接近。

2. 大陸南部類，比如古阿拉伯語的 ktm，泰米爾語的 tankam，泰盧固語的 kanakam，泰語的 tɔɔngkam，阿薩姆語的 xun，這一類的韻尾是 m 或 n，上古漢語的金 kam 顯然源自這一類。

3. 印度到中國西南還有一類，印地語的 sona，奧里薩語的 suna，孟加拉語的 sonā，彝語的 shy，對應的漢字是辛，《說文》：「秋時萬物成而孰，金剛味辛，辛痛即泣出。從一從辛。辛，辠也。辛承庚，象人股。」許慎的解釋有誤，現代學者一般認為甲骨文的辛是金屬劈開物體的象形字。

漢代的犍為郡朱提縣（在今雲南昭通），以產銀著稱，《漢書・地理志上》犍為郡：「朱提，山出銀。」同書《食貨志上》：「黃金重一斤，值錢萬。朱提銀重八兩為一流，直一千五百八十。它銀一流直千。是為銀貨二品。」

明代謝肇淛《五雜組》卷十二：「今人，銀概謂之朱提。按《漢書・地理志》：朱提出銀。《食貨志》：朱提銀八兩為一流，直一千五百八十，它銀一流直一千。則朱提地名，既不可名銀，而朱提之銀又非凡銀比也。漢銀八兩值錢一千，可見當時銀錢而賤貴。今時銀一兩，即值千錢矣。」

值得注意的是，印度多種語言的白銀，讀音接近朱提的上古音 tjio-dye，比如印地語是 cāndī，泰米爾語是 cul，則朱提很可能就是白銀，而且是因為印度人的開採而得名。

印度人非常喜愛金銀，今天印度的民間黃金儲量仍然是世界第一，有 2 萬噸，占全世界的十分之一。印度的廟宇喜愛金銀，很多印度人捐獻黃金給廟宇，世界上最大的黃金廟在印度。印度人每年消費黃金 800 噸，占世界三分之一，是世界上最大的黃金消費國之一。

二、楚國玫瑰是滇緬寶石

北宋初年編輯的大型文學類書《太平廣記》，卷四百三《紫𥹭羯》引唐代的《廣異記》：

> 乾元中，國家以克復二京，糧餉不給。監察御史康雲間，為江淮度支。率諸江淮商旅百姓五分之一，以補時用。洪州，江淮之間

一都會也，雲間令錄事參軍李惟燕典其事。有一僧人，請率百萬。
乃於腋下取一小瓶。大如合拳。問其所實。詭不實對，惟燕以所納
給眾，難違其言，詐驚曰：「上人安得此物？必貨此，當不違價。」
有波斯胡人見之如其價以市之而去，胡人至揚州。長史鄧景山知其
事，以問胡。胡云：「瓶中是紫〔羊末〕羯。人得之者，為鬼神所護，
入火不燒，涉水不溺。有其物而無其價，非明珠雜貨寶所能及也。」
又率胡人一萬貫。胡樂輸其財，而不為恨。瓶中有珠十二顆。

波斯胡人在洪州（今南昌）買到寶物，揚州胡人鑒定為紫羘羯，稱為無價
之寶。羘是生造出的異體字，我在下文直接寫作末羯。

我以為末羯即翡翠，因為《翻譯名義集》卷八說：「摩羅伽陀。大論云。
此珠金翅鳥口邊出。綠色能闢一切毒。」勞費爾說此即翡翠，梵語是 marakata，
梵語出自希臘語 maragdos，希臘語出自閃語。亞述語是 barraktu，阿拉伯語是
borko，敘利亞語是 bāreket 或 bārkat。〔註1〕上古音的末是 mat，羯是 kiat，所
以末羯的讀音非常接近翡翠的外語，特別是韻尾的 t 完全符合。現在緬甸有紫
翡翠，而洪州的紫翡翠很可能來自西南。末羯的讀音，令我想到玫瑰，讀音很
接近，李丹婕指出玫瑰最早是指寶石，唐代才演化為花的名字，不過她未考出
玫瑰的本源，〔註2〕我以為玫瑰很可能也是紫翡翠。

史書記載最早的玫瑰都在楚地，《韓非子·外儲說左上》：「楚人有賣其珠
於鄭者，為木蘭之櫃，薰以桂、椒，綴以珠玉，飾以玫瑰，輯以羽翠。鄭人買
其櫝而還其珠。」此處的玫瑰顯然是寶石，司馬相如《子虛賦》子虛先生形容
楚國雲夢澤說：「其石則赤玉玫瑰，琳瑉琨吾。」楚國西南通往緬甸，前人對
這條道路的研究很多，所以最早的玫瑰都在楚國。

東晉葛洪輯《西京雜記》卷一說：「樂遊苑自生玫瑰樹，樹下多苜蓿。」
李丹婕說，此處的玫瑰樹或與佛經所說金樹、銀樹、琉璃樹、珊瑚樹、瑪瑙樹
等類似，不是真正的樹，所以玫瑰還是指寶石。《太平廣記》卷二三六引《西
京雜記》說漢武帝天馬：「常以玫瑰石為鞍，鏤以金銀鍮石，以綠地五色錦為
蔽泥。」司馬相如《上林賦》說上林苑：「玫瑰碧琳，珊瑚叢生。」晉灼注說
玫瑰注是火齊珠，李善注《文選》沿用。顏師古注《漢書》：「火齊珠，今南方

〔註1〕〔美〕勞費爾著、林筠因譯：《中國伊朗編》，北京：商務印書館，1964 年，第
　　348 頁。
〔註2〕李丹婕：《「玫瑰之名」的變遷》，《東方早報·上海書評》2016 年 7 月 17 日。

之出火珠也，玫音枚，瑰音回，又音瓊。」《太平廣記》卷四二三引任昉《述異記》：「南海俗云，蛇珠千枚，不及一玫瑰，言蛇珠賤也，玫瑰亦珠名。」李丹婕說《梁書》卷五四《諸夷傳》說火齊珠是扶南、丹丹所貢，玫瑰多出自波斯、大秦似乎有所不同。《三國志》卷三十大秦國有：「明月珠、夜光珠、真白珠、虎珀、珊瑚、流離、璆琳、琅玕、水精、玫瑰、雄黃、雌黃、碧、五色玉。」《梁書·諸夷傳》波斯國：「鹹池生珊瑚樹，長一二尺，亦有琥珀、馬腦、真珠、玫珥，國內不以為珍。」《南史》卷七九《夷貊傳》波斯國，琥珀作虎魄，玫珥作玫瑰，《冊府元龜》卷九六一波斯國，馬腦作瑪瑙，玫珥作玫瓔。

　　我以為，玫瑰確實不是火珠，《新唐書》卷二百二十二下婆利：「多火珠，大者如雞卵，圓白，照數尺，日中以艾藉珠，輒火出。」又說其東是羅剎國，《舊唐書》卷一百九十七說，林邑國進貢來自羅剎國的火珠：「大如雞卵，狀如水精……正午向日，以艾承之，即火燃。」火珠是一種水晶球，〔註3〕古人混淆二者。玫瑰是翡翠，緬甸就有出產。

　　波斯有玫瑰，中亞與北魏也有，《洛陽伽藍記》卷五說北魏的宋雲看到嚈噠王妃：「頭帶一角，長三尺，以玫瑰五色珠裝飾其上。」《魏書》卷一百十《食貨志六》：「和平二年秋，詔中尚方作黃金合盤十二具，徑二尺二寸，鏤以白銀，鈿以玫瑰。」勞費爾指出翡翠的晚出漢名祖母綠，源自波斯語zumurrud。〔註4〕

　　李丹婕指出，中唐詩中的玫瑰多指玫瑰花，開元間李叔卿《芳樹》詩云：「春看玫瑰樹，西鄰即宋家。門深重暗葉，牆近度飛花。」盧綸《奉和李舍人昆季詠玫瑰花寄贈徐侍郎》詩云：「雨朝勝濯錦，風夜劇焚香。斷日千層豔，孤霞一片光。」司空曙和詩云：「攢星排綠蒂，照眼發紅光。」《全唐文》卷四五二邵說的《上中書張舍人書》說他應張舍人之求，送上數本親栽玫瑰：「常開花明媚，可置之近砌，芳香滿庭，雖萱草忘憂，合歡蠲忿，無以尚也。」李肇《翰林志》說大明宮翰林院種有玫瑰，李匡乂《資暇集》說玫瑰：「叢有似薔薇而異，其花葉稍大者。」又說玫瑰源自梅槐，傳說由梅與槐合生之樹。這顯然是晚出的附會，此時唐代人已經忘記玫瑰的原義，忘記轉指花卉的原因了。

〔註3〕〔美〕謝弗著、吳玉貴譯：《唐代的外來文明》，北京：中國社會科學出版社，1995 年版，第 510 頁。

〔註4〕〔美〕勞費爾著、林筠因譯：《中國伊朗編》，第 348 頁。

　　李丹婕說玫瑰轉稱花卉，很可能因為顏色類似玫瑰寶石。我以為此說合理，但是她未能考出玫瑰是紫翡翠，其實玫瑰正是紫色，所以才從寶石轉為花卉。英文中玫瑰、薔薇、月季是同一個詞，原產都是中國，但是後來出現分化。中唐玫瑰從寶石轉為花卉時，南詔在西南崛起，西域淪陷，所以唐代人得到的玫瑰寶石即翡翠越來越少，我以為這也是玫瑰轉變的重要原因。

　　李丹婕指出，鳩摩羅什（344～413）譯《妙法蓮華經》說佛教七寶是金、銀、琉璃、車璩、馬瑙、真珠、玫瑰，《大般涅槃經》中的宮宅，牆壁由金、銀、琉璃、頗梨四寶做成，地面則鋪以玫瑰。唐代佛經字書《一切經音義》玫瑰：「石之好美曰玫，圓好曰瑰。」瑰是胡魁反，與回同音。初唐歐陽詢《藝文類聚》卷七七中引梁劉孝儀《平等剎下銘》說佛剎：「檻綴玫瑰，階填粟玉。」《全唐文》卷三九六開元時常允之《重修臨高寺碑並序》：「文以粟玉，藻以玫瑰。」我以為玫瑰之所以成為佛教七寶之一，正是因為翡翠的產地波斯、緬甸都靠近印度，早期佛寺重視翡翠。

　　原來的玫瑰是指翡翠，而原來的翡翠是指鳥，宋玉《神女賦》：「夫何神女之姣麗兮，含陰陽之渥飾。披華藻之可好兮，若翡翠之奮翼。」司馬相如《子虛賦》：「捪翡翠，射鵁鸕。」《說文》：「翡，赤羽雀也。出鬱林，從羽，非聲。雄赤曰翡，雌青曰翠。」又：「翠，青羽雀也。」把翡翠拆為雄雌或赤青兩種雀就像把贛水拆為章水、貢水一樣滑稽，令人生疑，《淮南子・人間》說嬴政為了獲得越之犀角、象齒、翡翠、珠璣，才發兵五十萬南攻百越。翡翠一定是華南特產的一種五彩繽紛的鳥毛，不可能是紅雀和青雀，也不可能是一種雀的雌雄兩性，也不可能是華北常見的翠鳥。應是一種華南的翠鳥，南宋周去非《嶺外代答》卷九翡翠：「翡翠，產於深廣山澤間，穴巢於水次……邕州右江產一等翡翠，其背毛悉是翠茸，窮侈者用以撚織。」《梁書》卷五十四說扶南國出孔翠，或許是指孔雀翠羽。趙汝适《諸蕃志》卷下翠毛：「真臘最多。」其餘內容抄周去非，卷上真臘說：「翠毛此國最多。」

　　緬甸曼德勒東北的抹谷（Mogok）盛產紅寶石、藍寶石和翡翠，抹谷的讀音非常接近末羯，無疑是因為出產寶石。明代謝肇淛《五雜組》卷十二：「靺鞨本蠻夷國名，其地產寶石，中國謂之靺鞨，其色殷紅，大者如栗。《太平廣記》載：李章武所得，狀如槲葉，紺碧而冷。今中國賈肆中者，皆如瓦礫耳。」靺鞨在東北，不產紅寶石，所以靺鞨顯然源自緬甸抹谷。

三、楚國的雞駭犀來自印度

古代有一種珍貴的犀牛製品，稱為雞駭，《戰國策・楚策一》說楚王：「乃遣使車百乘，獻雞駭之犀、夜光之璧於秦王。」有人因為此處雞駭犀與夜光璧並列就說是印度所產的金綠寶石（Chrysoberyl），雞駭是其梵語名 Karketana（貓眼石）音譯，〔註5〕但是雞駭顯然是犀，不可能是寶石。

西漢劉向《九歎・怨思》：「棄雞駭於筐簏。」東漢王逸注：「雞駭，文犀也……一作駭雞。」後人多作駭雞，所以王念孫《讀書雜志・戰國策二》說：「雞駭之犀，當為駭雞之犀。」劉宋丘巨源《詠七寶扇》：「表裏鏤七寶，中銜駭雞珍。」唐代劉恂《嶺表錄異》卷中：「又有駭雞犀、辟塵犀、辟水犀、光明犀。」歐陽詹《智達上人水精念珠歌》：「星輝月耀莫之逾，駭雞照乘徒稱殊。」元稹《酬東川李相公十六韻》：「因持駭雞寶，一照濁水昏。」李商隱《為滎陽公謝集賢韋相公狀》：「花犀腰帶一條，右伏蒙仁恩，俯寵行邁，駭雞等貴，畫隼增輝，徒勒萬里之肺肝，愧乏十圍之腰腹。」

范曄《後漢書・西域傳》說大秦（羅馬）：「有夜光璧、明月珠、駭雞犀、珊瑚、虎魄。」可見西域有此種犀牛，東晉葛洪《抱朴子・登涉》：「又通天犀角，有一赤理如綖，有自本徹末，以角盛米，置雞群中，雞欲啄之，未至數寸，即驚卻退，故南人或名通天犀為駭雞犀。」可見這種犀牛很少見，而且很大，所謂雞群驚駭顯然是可笑的附會。駭雞犀應是印度犀，因為印度犀比爪哇犀、蘇門答臘犀高大。印度犀在西漢就到了中國，《漢書・地理志》：「平帝元始中，王莽輔政，欲耀威德，厚遺黃支王，令遣使獻生犀牛。」黃支國是《大唐西域記》卷十達羅毗荼國都建志補羅（Kancipura），在今印度東南部。〔註6〕

馬來語的犀是 badak，爪哇語是 warak，泰語是 râet，緬語是 kram，這些讀音都不近駭雞，唯有波斯語是 kargadan，讀音很接近駭雞或雞駭。說明駭雞可能源自波斯語，因為波斯商人把印度南部的犀牛介紹給中國人。印地語是 gaiṇḍā，讀音也有點接近，駭雞也可能源自南亞某種語言。

唐代段成式《酉陽雜俎》前集卷十六：

> 犀之通天者必惡影，常飲濁水。當其溺時，人趁不復移足。角之理，形似百物。或云犀角通者是其病，然其理有倒插、正插、腰鼓插。倒者，一半已下通。正者，一半已上通。腰鼓者，中斷不通。

〔註5〕林梅村：《絲綢之路考古十五講》，北京大學出版社，2006年，第94頁。
〔註6〕周運中：《中國南洋古代交通史》，廈門大學出版社，2015年，第75～104頁。

故波斯謂牙為白暗，犀為黑暗。成式門下醫人吳士象，嘗職於南海
郡，見舶主說本國取犀，先於山路多植木，如狙杙，雲犀前腳直，
常倚木而息，木欄折則不能起。犀牛一名奴角，有鳩處必有犀也。

犀，三毛一孔。劉孝標言，犀墮角埋之，以假角易之。

段成式門人的醫生曾經在南海郡（廣州）聽外國來的商船主講捕犀之法，段成式本人也在嶺南生活過，他說波斯語的犀牛角是黑暗，我認為很可能是阿拉伯語的角 qarn，這個字和英語的角 horn 是同源字。白暗的讀音源自非洲，埃及語的象牙是 bw，讀音接近，英語的 ivory 是同源字。

總之駮雞是印度犀，所以《戰國策》記載楚國有駮雞犀，楚國從西南可以通往印度，漢代的大秦（羅馬）也有此犀。

四、猩猩、都郭、太公國

屈原《天問》：

> 羲和之未揚，若華何光？何所冬暖？何所夏寒？焉有石林？何獸能言？

所謂石林，就是在西南多見的石林景觀，最有名是今雲南省石林縣的石林，可見這一段說的都是雲南。

冬暖夏寒，說的是雲南，雲南氣候炎熱，但是高山則四季嚴寒。這種垂直氣候變化，中原人難以體會，所以屈原感到新奇。

能說話的野獸，是猩猩。洪興祖注此句：「《禮記》曰，猩猩能言，不離禽獸也。」《逸周書・王會》說西南：「都郭：生生、欺羽。生生，若黃狗，人面能言。」可見，此處所說的就是猩猩。

東晉常璩《華陽國志》卷四永昌郡：「猩猩獸能言，其血可以染朱罽。」《南方草物狀》曰：「猩猩之獸，生在野中。狀如独子，民人捕取。交阯、武平、興古有之。」興古郡在雲南的東南，靠近東南亞，哀牢和興古出猩猩，證明《逸周書》記載上古周麿、都郭出猩猩。

清代廣東學政李調元《南越筆記》卷九：「狒狒，狀如獼猴，紅髮鬅鬙，人言而鳥音，能知生死，笑似禺禺，上吻覆額。得之，生飲其血，可見鬼物。是皆人熊之屬也……猩猩，人面猿身，一名熊人，謂其熊而人也。曰紅人，則謂其毛髮純紅也。性機警，通八方言，聲如幼女子，啼亦清越。間學蠱鳥語，音一一曲肖，蓋獸中之百舌也。」狒狒、猩猩如果真有紅毛的特徵，確實是紅

毛猩猩。猩猩的嘴部突出，所以說像豬，唇部比較長。但是李調元又說狒狒是人熊也即馬來熊的親屬，他的書主要抄錄前人，不能全信。

雲南晉寧石寨山滇國 71 號墓出土的青銅劍首有一個野獸雕塑，很像今天人所說的猩猩，說明雲南及其鄰近之地出產猩猩。

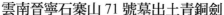

雲南晉寧石寨山 71 號墓出土青銅劍

古代越南可能有猩猩，《新唐書》卷記載環王國產猩猩，即在今越南中南部的占城國。清代尹士俍《臺灣志略》中卷《外洋各島》說東京（今越南）：「產犀、象、金毛猿、猩猩。」

都郭，上古音是 ta-kuak，我認為，很可能是緬甸的太公城（Tagaung）。傳說緬甸最早的國家在太公，《琉璃宮史》記載最早的太公國是中天竺釋迦族的阿畢羅闍王所建。〔註7〕這當然是印度化後的表述，應該是有印度的影響，但是也應該本地的因素。2003 年 6 月，緬甸文化部考古局考古團，在太公城中心一座古代王宮遺址的土崗上，挖出一個驃國少女的骨灰甕，中有螺紋形銅鈴鐺。又在附近挖出 3 枚古錢幣以及其他一些文物，經鑒定，骨灰甕和古錢幣是緬甸青銅器時代向鐵器時代過渡時期的文物，證明了傳說和文獻可靠。〔註8〕

〔註7〕李謀等譯注：《琉璃宮史》，北京：商務印書館，2007 年，第 126 頁。
〔註8〕賀聖達：《緬甸歷史文化發展及中緬交往》，《光明日報》2017 年 9 月 11 日第 14 版。

五、滇緬路上的豐富物產

東晉常璩《華陽國志》卷四永昌郡：

> 土地沃腴，有黃金、光珠、虎魄、翡翠、孔雀、犀、象、蠶桑、綿、絹、彩帛、文繡。又有貊獸食鐵，猩猩獸能言，其血可以染朱罽。有大竹名濮竹，節相去一丈，受一斛許。有梧桐木，其華柔如絲，民績以為布，幅廣五尺以還，潔白不受污，俗名曰桐華布。以覆亡人，然後服之及賣與人。有蘭干細布，蘭干，獠言紵也，織成文如綾錦。又有罽旄、帛疊、水精、琉璃、軻蟲、蚌珠。宜五穀，出銅錫。

帛疊是源自印度的棉布白疊布，罽旄是源自罽賓（克什米爾）的毛布，今天的開司米即源自克什米爾。

唐代樊綽《蠻書》卷七記載的雲南和緬甸物產還有：

棉布：自銀生城、柘南城、尋傳、祁鮮已西，蕃蠻種並不養蠶，唯收婆羅樹子破其殼，中白如柳絮，組織為方幅，裁之籠頭，男子婦女通服之。驃國、彌臣、諾悉諾，皆披羅緞。

琥珀：琥珀，永昌城界西去十八日程，琥珀山掘之。

馬匹：馬，出越賧川東面一帶。

獸皮：犀，出越賧、高麗。大蟲，南詔所披皮……云大蟲在高山窮谷者則佳，如在平川，文淺不任用。

水果：荔枝、檳榔、訶黎勒、椰子、桃榔等諸樹，永昌、麗水、長傍、金山並有之。麗水城又出波羅蜜果。

麝香：麝香，出永昌及南詔諸山，土人皆以交易貨幣。

樊綽《蠻書》卷六：「管摩零都督城在山上，自尋傳、祁鮮已往，悉有瘴毒，地平如砥，冬草木不枯，日從草際沒。諸城鎮官懼瘴癘，或越在他處，不親視事。南詔特於摩零山上築城，置腹心，理尋傳、長傍、摩零、金、彌城等五道事云。凡管金齒、漆齒、繡腳、繡面、雕題、僧耆等十餘部落。」摩零源自緬甸語的馬 morin，因為產馬而得名。

沈約《宋書·武帝紀下》：「寧州嘗獻虎魄枕，光色甚麗。時諸將北征，需琥珀，治金瘡。上大悅，命搗碎以付諸將。」虎魄即琥珀。

唐代段成式《酉陽雜俎》卷十一：「或言龍血入地為琥珀。《南蠻記》：寧

州沙中有折腰蜂，岸崩則蜂出，土人燒治以為琥珀。」

因為這條路上的商品很多，所以西南絲綢之路很早就開闢，而且很繁榮。因為早期中原和西南的交通不便，所以很多中原書籍不記而已。

第二章　滇緬印路的走向

　　司馬遷《史記‧大宛列傳》記載，漢武帝派張騫出使西域，張騫在中亞的大夏，看到來自四川的邛竹杖和蜀布，大夏人告訴他：「吾賈人往市之身毒。身毒在大夏東南可數千里。其俗土著，大與大夏同，而卑濕暑熱云。其人民乘象以戰，其國臨大水焉。」漢武帝聽說從西南有路通往中亞，試圖從西南開闢一條新路，通往中亞，聯合大月氏，派司馬相如等人在西南新設越巂郡、犍為郡、益州郡等郡，使中原王朝的疆域首次從四川擴展到雲南。

　　很多人以為西南絲綢之路是在此時開闢，其實早在上古，西南絲路已經開通。而且有繁榮的商貿，支那的名字也是從這條路西傳。前人指出，印度公元前 4 世紀的《政事論》提到的 Cīna 即中國，《摩訶婆羅多》、《羅摩衍那》、《摩奴法典》也提到 Cīna。〔註 1〕

一、漢唐時代的滇緬印路

　　西南絲綢之路的具體路線，漢代還沒有特別詳細的記載，唐代的文獻有詳細記載，我們需要先從唐代的文獻來考證這條道路。《新唐書》卷四十三下末尾，記載唐德宗貞元時的宰相賈耽，考證的中國到域外七條要道，其中包括雲南到印度的兩條路：

　　　　自羊苴咩城，西至永昌故郡三百里，又西渡怒江，至諸葛亮城
　　　　二百里。又南至些樂城二百里，又入驃國境，經萬公等八部落，至

〔註 1〕季羨林：《中印文化交流史》，中國社會科學出版社，2008 年，第 10 頁。饒宗頤：《蜀布與 Cinapatta——論早期中印緬之交通》，《饒宗頤東方學論集》，汕頭大學出版社，1999 年，第 227～259 頁。

悉利城七百里。又經突旻城，至驃國千里。又自驃國，西度黑山，至東天竺，迦摩波國千六百里。又西北，渡迦羅都河，至奔那伐檀那國六百里。又西南，至中天竺國東境，恒河南岸，羯朱嗢羅國四百里，又西至摩羯陀國六百里。

一路自諸葛亮城，西去騰充城二百里，又西至彌城百里。又西過山，二百里至麗水城。乃西渡麗水、龍泉水，二百里至安西城。乃西渡彌諾江水，千里至大秦婆羅門國。又西渡大嶺，三百里至東天竺北界個沒盧國。又西南千二百里，至中天竺國東北境之奔那伐檀那國，與驃國往婆羅門路合。

第一條是從羊苴咩城（今大理），西至永昌故郡（今保山）。從諸葛亮城向西南到些樂（今芒市），西南經過驃越，萬公應即今抹谷，經過悉利城、突旻城，翻過黑山，到印度。

第二條是從麗水城向西到印度，就是唐代樊綽《蠻書》卷六末尾記載從南詔的安西城（今孟拱）向北到小婆羅門國的路線。《蠻書》卷十：「大秦婆羅門國，界永昌北，與彌諾國江西。正東，安西城樓接界，東去蠻陽苴咩城四十日程……小婆羅門，與驃國及彌臣國接界，在永昌北七十四日程。俗不食牛肉，預知身後事。」婆羅門指婆羅門教，所以不吃牛肉。

伯希和認為麗水是今伊洛瓦底江，彌諾江即今欽敦江，大秦婆羅門國之東的大嶺在今印度曼尼普爾邦之西。〔註2〕我認為此說偏西，原文說大秦婆羅門國接近永昌，則在今曼尼普爾之東。大嶺在緬甸西部，因為行人在此前走的都是低地，大嶺是指今緬甸西部的山脈。大秦的讀音最接近印度語的南方daksina，但是此地在印度的東北部，難以解釋。

此處的大秦或許是緬甸西部的欽邦，欽邦的主體民族是欽族（Chin），是藏緬語民族，讀音也接近秦。但是欽邦位置偏在西南，所以此處的大秦很可能是景頗族 Jingpo，也即緬甸的克欽族 Kachin。克欽族在今緬甸最北部的克欽邦，在山地之東，地形符合。景頗的頗就是門巴、珞巴的巴，巴就是人，所以景頗就是景人，讀音接近欽 chin。

樊綽《蠻書》卷六：「從金寶城北牟郎城渡麗水，至金寶城。從金寶城西至道吉川，東北至門波城，西北至廣蕩城，接吐蕃界。」吐蕃南部的門波，顯

〔註2〕〔法〕伯希和著、馮承鈞譯：《交廣印度兩道考》，北京：中華書局，2003 年，第 208 頁。

然就是門巴，波的古音就是 ba。前人或以為金寶城、牟郎城都在今緬甸的密支那附近，〔註3〕我認為牟郎城在克欽邦北部，牟郎的語源是枯門嶺的別名 marawn，讀音接近，位置符合。

前人多以為 Cīna 源自秦，我認為上古的印度人不太可能知道秦國，秦滅巴蜀，疆域也僅到達四川的中部。所以 Cīna 很可能不是源自秦，而是源自滇緬等地的族群名稱，很可能就是景頗族等藏緬語民族。現在克欽邦的首府還叫密支那，正如賽里斯原來也僅是指今天塔里木盆地的一個小地方，而不是指中原。鄭張尚芳指出秦的上古音是莊母真部 tzhien，是濁音而非清音，所以讀音不接近 Cīna，但是他又認為 Cīna 源自晉。〔註4〕我認為晉國距離更遠，更不可能。

小婆羅門國在其南，其實都在永昌之西，但是樊綽誤以為在北。此處的婆羅門國只是信婆羅門教的地方，未必是印度人。《新唐書》卷二二二下：「繇彌臣至坤朗，又有小崑崙部，王名茫悉越，俗與彌臣同。繇坤朗至祿羽，有大崑崙王國，王名思利泊婆難多珊那。川原大於彌臣。繇崑崙小王所居，半日行至磨地勃柵，海行五月至佛代國。」磨地勃是今馬塔班（Martaban），則大、小崑崙都在緬甸南部的海邊。

個沒盧國即迦摩波國（Kāmarūpa），讀音接近。在今印度阿薩姆邦，國都在今高哈提（Gauhati），玄奘《大唐西域記》卷十迦摩縷波國：「人形卑小，容貌黧黑，語言少異中印度。性甚獷暴，志存強學，宗事天神，不信佛法。故自佛興以迄于今，尚未建立伽藍，招集僧侶。其有淨信之徒，但竊念而已。天祠數百，異道數萬。」此地從未有佛教，而以婆羅門教為主。此地人膚黑矮小，語言有異，因為遠離雅利安人的中心，所以土著較多。據《女瑜伽行者呾多羅》記載，此國的濕婆偶像崇拜標誌男根有百萬計。

奔那伐檀那國（Punnavadhana）在印度的西孟加拉邦，都城在今博格拉（Bogra）之北的摩訶斯坦（Mahāsthān），《大唐西域記》卷十奔那伐彈那國：「伽藍二十餘所，僧徒三千餘人，大小二乘，兼功綜習。天祠百所，異道雜居，露形尼乾，寔繁其黨。」此國雖有佛教，但是佛教徒不多，婆羅門教廟

〔註3〕譚其驤主編：《中國歷史地圖集》第五冊，中國地圖出版社，1982 年，第 80 頁。

〔註4〕鄭張尚芳：《「支那」的真正來源》，《胭脂與焉支：鄭張尚芳博客選》，上海教育出版社，2019 年。

宇很多。〔註5〕

　　唐代義淨《大唐西域求法高僧傳》卷上《慧輪傳》:「那爛陀寺東，四十驛許。尋弶伽河而下，至蜜栗伽悉他鉢娜寺（唐云鹿園寺也）。去此寺不遠，有一故寺，但有磚基。厥號支那寺，古老相傳云是，昔室利笈多大王，為支那國僧所造（支那即廣州也，莫訶支那即京師也。亦云提婆弗呾羅，唐云天子也）。於時有唐僧二十許人，從蜀川牂牁道而出（蜀川去此寺有五百餘驛），向莫訶菩提禮拜。王見敬重，遂施此地，以充停息，給大村封二十四所。於後唐僧亡沒，村乃割屬餘人，現有三村入鹿園寺矣。準量支那寺，至今可五百餘年矣。」室利笈多大王（Sri Gupta）是印度笈多王朝的開創者，他為中國僧人造寺，說明魏晉時有僧人從雲南到印度。〔註6〕

　　六朝也有僧人從這條路到印度，蕭梁慧皎《高僧傳》卷七《慧睿傳》:「行蜀之西界，為人所抄掠，常使牧羊。有商客信敬者，見而異之，疑是沙門。請問經義，無不綜達。商人即以金贖之，既還襲染衣，篤學彌至。遊歷諸國，乃至南天竺界。音譯詁訓，殊方異義，無不必曉，後還憩廬山。」

　　唐代之前的西南絲綢之路，漢代人有概述。《史記·大宛列傳》:

　　　　天子欣然，以騫言為然，乃令騫因蜀犍為發間使，四道並出:
　　　　出駹，出冉，出徙，出邛、僰，皆各行一二千里。其北方，閉氐、
　　　　筰。南方，閉巂、昆明。昆明之屬，無君長，善寇盜。輒殺略漢使，
　　　　終莫得通。然聞其西可千餘里，有乘象國，名曰滇越。而蜀賈奸出
　　　　物者，或至焉。於是漢以求大夏道，始通滇國。

　　有人說滇越即盤越，《三國志》卷三十裴松之注，引魚豢《魏略》:「盤越國，一名漢越王，在天竺東南數千里，與益部相近。其人小與中國人等，蜀人賈似至焉。」《後漢書·西域傳》:「天竺國，一名身毒……東至盤起國，皆身毒之地。」《梁書·諸夷傳》作盤越，盤起是形誤。《華陽國志》卷四:「有閩濮、鳩獠、僄越、裸濮、身毒之民。」

　　前人或認為盤越是迦摩縷波國，此國最早叫 Prāgjotisa，意譯是東星。我認為讀音不近盤越，我認為盤越應是奔那伐檀那國（Punnavadhana），盤譯

〔註5〕〔唐〕玄奘、辯機著、季羨林等校注:《大唐西域記校注》，北京:中華書局，2000年，第790～797頁。
〔註6〕〔唐〕義淨著、王邦維校注:《大唐西域求法高僧傳校注》，北京:中華書局，1988年，第103～106頁。

punna，越譯 vad，越的上古音是 uat，讀音很近。〔註7〕

滇的讀音顯然不接近盤，滇越就在今滇池附近，昆明在滇越之西而非之東。昆明即吉蔑，是高棉族群的通名。出僰道（今宜賓）的一路，出符關（今赤水），到鼈縣（今桐梓），不是從僰道正南，而是東南向貴州。〔註8〕漢武帝想打通去印度的主幹道是出蜀地，西南到昆明。因為是多路出發，使得後人解讀時混淆，誤以為昆明在滇越之東。

有人說，滇越是迦摩縷波國別名 Danava（鬼怪國）的音譯，〔註9〕我認為，從昆明到迦摩縷波國，《新唐書》說有兩千四百里，不是千餘里，所以此處存疑，或是千餘里有脫字。

滇國本來是大國，戰國末年，被楚國人佔據，《史記・西南夷列傳》：「將兵循江上，略巴、黔中以西。莊蹻者，故楚莊王苗裔也。蹻至滇池，方三百里，旁平地，肥饒數千里，以兵威定屬楚。欲歸報，會秦擊奪楚巴、黔中郡，道塞不通，因還，以其眾王滇，變服，從其俗，以長之。」

司馬遷《史記・西南夷列傳》說：

> 秦時常頞，略通五尺道，諸此國頗置吏焉。十餘歲，秦滅。及漢興，皆棄此國而開蜀故徼。巴蜀民或竊出商賈，取其筰馬、僰僮、髦牛，以此巴蜀殷富。

秦朝開通五尺道，也是在上古絲路的基礎上拓展。漢初雖然收縮疆域，但是民間貿易仍然興盛。前人或誤信唐代人的五尺道在滇東北的訛傳，我已經考證五尺道其實在今四川境內，秦的疆域在今四川，不到雲南和貴州。秦朝從未在今雲貴設立郡縣。〔註10〕

二、萬唐、哀牢位置新考

東漢西南邊疆和西漢最大差別，是在哀牢夷之地，新設了一個永昌郡，《後

〔註7〕周運中：《犍為郡三道三治轉移過程新考》，《秦漢歷史地理考辨》，花木蘭文化事業有限公司，2019 年，第 185～193 頁。

〔註8〕楊憲益誤以為盤越是印度最南部的坦焦爾 tanjore，誤以為《三國志》卷三十裴松之注引魚豢《魏略的》車離是印度最南部的 Chola，宋代譯為注輦，明代譯為瑣里。見楊憲益《盤越與車離》，《譯餘偶拾》，第 308～309 頁。

〔註9〕汶江：《滇越考——早期中印關係的探索》，《中華文史論叢》1980 年第 2 輯。

〔註10〕周運中：《清代五尺道在今邛崍、漢源間新考》，《秦漢歷史地理考辨》，花木蘭文化事業有限公司，2019 年，第 195～204 頁。

漢書》卷二《明帝紀》永平十二年（69 年）：「春正月，益州徼外夷哀牢王相率內屬，於是置永昌郡，罷益州西部都尉。」

范曄《後漢書‧西南夷傳》：「永平十二年，哀牢王柳貌，遣子率種人內屬，其稱邑王者七十七人，戶五萬一千八百九十，口五十五萬三千七百一十一。西南去洛陽七千里，顯宗以其地置哀牢、博南二縣，割益州郡西部都尉所領六縣，合為永昌郡。始通博南山，度蘭倉水，行者苦之。歌曰：漢德廣，開不賓。度博南，越蘭津。度蘭倉，為它人……建初元年，哀牢王類牢與守令忿爭，遂殺守令而反叛，攻嶲唐城。太守王尋奔楪榆。哀牢三千餘人攻博南，燔燒民舍。肅宗募發越嶲、益州、永昌夷漢九千人討之。明年春，邪龍縣昆明夷鹵承等應募，率種人與諸郡兵擊類牢於博南，大破斬之。」

（一）嶲唐縣在今騰沖

設永昌郡之前，益州郡的西部都尉在嶲唐縣，《續漢書‧郡國志五》記載永昌郡的八個縣是：不韋、嶲唐、比蘇、楪榆、邪龍、雲南、哀牢、博南。李賢注引《古今注》：「永平十年，置益州郡西部都尉，治嶲唐，鎮哀牢人蠻夷。」

班固《漢書‧地理志上》益州郡嶲唐縣：「嶲唐，周水首受徼外。又有類水，西南至不韋，行六百五十里。」《太平御覽》卷七九一引《永昌郡傳》：「永昌郡東北八十里瀘倉津。」

方國瑜說，周水是怒江，不韋縣在今施甸縣，嶲唐縣城在今保山，類水是枯柯河。〔註11〕《譚圖》的西南部分源自方國瑜的考證，可是在這一點上卻不採用方國瑜的結論，而是根據譚其驤的考證，認為周水為怒江，定不韋縣在今保山，定嶲唐在今雲龍縣西南，定類水為今雲龍縣的漕澗河。

今按兩說多誤，不韋縣確實在今保山，因為不韋縣是永昌郡治，應該正對在今永平西部的博南山，從施甸縣向東北八十里，顯然不能到瀘水（瀾滄江）的渡口倉津，而從保山向東北八十里正是瀾滄津。

今保山有諸葛營古城，東西約 330 米，南北約 300 米，殘存夯土城牆。又有龍王塘建築遺址，有板瓦、獸面瓦當、朱雀滴水、中平四年（187 年）紀年磚，還有博南道遺址、蘭津渡遺址。〔註12〕

〔註11〕方國瑜：《中國西南歷史地理考釋》，北京：中華書局，1987 年，第 185～186 頁。

〔註12〕國家文物局主編《中國文物地圖集‧雲南分冊》，文物出版社，2001 年，第 249 ～250 頁。

　　既然不韋縣不在今施甸，則類水不是枯柯河。周水也不是怒江，方國瑜定為怒江的理由僅僅是唐代人也不清楚怒江源頭，此說不能成立，因為古代雲南未探明源頭的河流太多，不能簡單類比。

　　但是漕澗河是東南流，僅有上百里，遠遠不足六百五十里，所以漕澗河也不是類水。巂唐城不在今雲龍縣西南。如果巂唐在今雲龍縣，哀牢人會首先攻擊巂唐城嗎？他們必須通過在今保山的不韋縣城，才能到達巂唐縣城，所以巂唐縣城應在今騰沖。

　　我認為巂唐縣城在今騰沖，類水是今怒江，因為類的上古音 lai，讀音接近濾的古音 la，怒江的古名是濾水。因為巂唐縣靠近哀牢，所以哀牢人反叛，首先攻擊巂唐。

　　今緬甸和印度邊境有周（Zou）人，Zou 的原義是高。所以周水可能是龍川江，原義是高的河流，在巂唐縣境內有六百五十里。

　　不韋縣城在今保山，向西越過高黎貢山，有博南道遺址，在今騰沖一側有三段，還有羅古、羅密兩處城址，雖然不在今天保山通往騰沖的大道，但是至少說明騰沖道很重要。南詔在今騰沖設軟化府，即今騰沖城北的西山壩古城，〔註13〕說明騰沖在古代非常重要。

（二）哀牢在今盈江

　　巂唐縣城在今騰沖，則哀牢應在今盈江縣，《譚圖》標在今盈江縣東部，正確。哀牢人的內屬過程頗為傳奇，《後漢書‧西南夷傳》記載：「建武二十三年，其王賢栗遣兵乘箄船，南下江漢，擊附塞夷鹿茤。鹿茤人弱，為所禽獲。於是震雷疾雨，南風飄起，水為逆流，翻湧二百餘里，箄船沉沒，哀牢之眾，溺死數千人。賢栗復遣其六王，將萬人以攻鹿茤，鹿茤王與戰，殺其六王。哀牢耆老共埋六王，夜虎復出其屍而食之，餘眾驚怖引去。賢栗惶恐……二十七年，賢栗等遂率種人戶二千七百七十，口萬七千六百五十九，詣越巂太守鄭鴻降，求內屬。光武封賢栗等為君長。自是歲來朝貢。」

　　鹿茤，即盈江注入的伊洛瓦底江，樊綽《蠻書》卷二：「麗水，一名祿斗江。」鹿茤，音近祿斗。

　　哀牢王南攻鹿茤，江流逆翻二百里，我認為是發生特大地震，造成山崩，堵塞河流，《續漢書‧五行志四》：「世祖建武二十二年九月，郡國四十二地震，

〔註13〕國家文物局主編《中國文物地圖集‧雲南分冊》，第258～259頁。

南陽尤甚，地裂壓殺人。其後武溪蠻夷反，為寇害，至南郡，發荊州諸郡兵，遣武威將軍劉尚擊之，為夷所圍，復發兵赴之，尚遂為所沒。」

這次特大地震，四十二個郡國有震感，湖南也受到危害，所以蠻夷造反。次年，哀牢南征，可能正是因為前一年受到地震危害，所以向下游轉移。此年又發生大地震，因為非常空虛，所以才內附漢朝。

哀牢向越巂郡而非益州郡內附，說明從大理有通暢的道路去西昌，此時西南絲綢之路已經非常好走。所以《西南夷傳》又記載：「永元六年，郡徼外敦忍乙王莫延慕義，遣使譯獻犀牛、大象。九年，徼外蠻及撣國王雍由調，遣重譯奉國珍寶，和帝賜金印紫綬，小君長皆加印綬、錢帛。永初元年，徼外僬僥種夷陸類等三千餘口，舉種內附，獻象牙、水牛、封牛。永寧元年，撣國王雍由調，復遣使者詣闕朝賀，獻樂及幻人，能變化吐火，自支解，易牛馬頭。又善跳丸，數乃至千。自言我海西人。海西即大秦也，撣國西南通大秦。」

因為永昌郡主要聯結越巂郡，所以益州郡的雲南縣（在今祥雲）向西劃給新成立的永昌郡，雲南縣向東到秦臧縣（在今祿豐）之間，漢朝不設郡縣，說明交通不便。益州郡主要通過滇東北，聯結僰道（今宜賓）。

東漢永昌郡地名調整圖〔註14〕

〔註14〕底圖來自譚其驤主編《中國歷史地圖集》第二冊，第55頁，方框與黑體字是本書添加。

三、《呂氏春秋》的蜀滇緬路

戰國末年的《呂氏春秋》卷二十《恃君》說：「氐、羌、呼唐、離水之西，僰人、野人、篇笮之川，舟人、送龍、突人之鄉，多無君。」

我認為，巂唐就是呼唐，陳奇猷雖然也指出這一點，但是他說離水是《漢書·地理志》金城郡白石縣（治今甘肅臨夏）的離水。〔註15〕其實那個離水是甘肅臨夏的大夏河，歷史上同名的地名太多，何況是漢譯的邊疆民族地名。西南的離水應是類水（怒江）或麗水（伊洛瓦底江），離水很可能在呼唐之西，則是麗水。本書第一章第一節已經指出，野人即唐代樊綽《蠻書》卷四記載麗水之西的野蠻（裸形蠻），赤身裸體。

篇笮，即編織笮橋渡河，漢代有大笮縣（今鹽邊縣）、定笮縣（今鹽源縣）、笮秦縣（今冕寧縣）等地。說明從麗水之西，經過巂唐，到笮地，再到巴蜀、秦地，顯然有一條通道。這也就是哀牢通過越巂郡內附的原因，說明西南絲綢之路的開通有一個長期過程。

離水（伊洛瓦底江或怒江）之西的僰人、野人已經很西，還有舟人、送龍、突人，前人對這些民族的考證多有錯誤。

印度東北部也有很多漢藏語系民族，我認為舟人即周人，今緬甸和印度曼尼普爾邦的邊境有周（Zou）人族群，Zou 的原義是高。周人的族群，包括緬甸境內的欽人（Chin）、印度境內的米佐人（Mizo）等，其中有一支 Kuki 人，我認為 Kuki 的原義也是高，樊綽《蠻書》卷八記載白蠻語：「閣，高也。」閣的中古音接近 kuk，說明西遷的族群中也包括白蠻。

送龍是迭龍之誤，迭龍可能是獨龍（Drung），也是在獨龍江流域的民族，應該接近獨龍族。藏語的家犛牛叫 Drung，〔註16〕獨龍族可能源自犛牛。

突人就是驃人，《新唐書》卷二二二下：「驃，古朱波也，自號突羅朱，闍婆國人曰徒里拙。」驃人自稱突羅朱，即突人。驃國最早的都城是毗濕奴城，在今馬圭省東敦枝鎮之西。《新唐書》記載，驃國北部有突旻城，疑是突里之形訛，即突里朱城。羅朱、里拙，音近傈僳。驃人是從雲南南遷的藏緬民族，族名接近傈僳。《新唐書》卷二二二下：「爨蠻之西，有徒莫只蠻、儉

〔註15〕〔秦〕呂不韋主編、陳奇猷校釋：《呂氏春秋新校釋》，上海古籍出版社，2002年，第 1338 頁。

〔註16〕〔英〕孔貝著、鄧小詠譯：《藏人言藏：孔貝康藏聞見錄》，中國社會科學出版社、四川民族出版社，2002 年，第 92 頁。

望蠻。」徒莫只蠻應該是突蠻和莫只蠻，突蠻就是驃人，而莫只蠻即磨些，也即納西族。

驃 Pyu 是他稱，在今緬語中指白色，驃人可能因為膚白得名。說明驃人有來自外地，不是土著。

舟人、迷龍等地處偏僻的民族，在《蠻書》都沒有記載，而《呂氏春秋》竟然都有詳細的記載。說明戰國時期的秦國人早已清楚記載了從雲南到緬甸的道路，所以才能瞭解到這條路兩邊很偏遠的民族。

我們千萬不能低估古人開通這條道路的能力，前人是未能考證出《呂氏春秋》記載的族名，所以不知道這條路開通很早。

四、《逸周書·王會》的西南道路

上古的《逸周書》卷七《王會》記載周成王時四方民族進貢，但是現在學者一般認為是戰國人所作，我已經考證其作者是燕趙人。〔註17〕其中西南民族有：

> 巴人：以比翼鳥。
>
> 方煬：以皇鳥
>
> 蜀人：以文翰，文翰者，若皋雞。
>
> 方人：以孔鳥。
>
> 卜人：以丹沙。
>
> 夷：用門焦木。
>
> 康民：以桴苡，苡者，其實如李，食之宜子。
>
> 周靡：費費，其形人身反踵，自笑，笑則上唇翕其目，食人，
>
> 北方謂之吐嘍。
>
> 都郭：生生，欺羽生生，若黃狗人面能言。
>
> 奇幹：善芳，善芳者，頭若雄雞，佩之令人不昧。皆東向。

巴蜀之南有卜人，即僰人，漢代有僰道縣在今宜賓。

夷，即彝族，分布在今貴州西北部到雲南東北部。漢代牂牁郡有平夷縣，在今貴州西北部，正是彝族之地。

門焦，原書誤為一個字，其實是兩個字，門焦即門達人，焦的古音是 ta，現在閩南話、閩東話都讀 ta。門達人即南亞語系民族，門焦木是茶。東漢道士

〔註17〕周運中：《九州考源》，花木蘭文化事業有限公司，2019 年，第 20～24 頁。

郭憲《漢武帝別國洞冥記》是一部重要的中外交流史著作，此書卷三：「有五味草，初生味甘，花時味酸，食之使人不眠，名曰卻睡草。末多國獻此草。此國人長四寸，織麟毛為布，以文石為床，人形雖小，而屋宇崇曠，織鳳毛錦，以錦為帷幕也。」我已考證卻睡草就是茶，﹝註18﹞臨滄市鳳慶縣發現三千年的古茶樹，﹝註19﹞雲縣白鶯山古茶樹的分析證明這一帶是茶樹起源地。﹝註20﹞

　　德昂族、布朗族、佤族有很多古老而且獨特的祭茶、種茶、飲茶風俗，分布地在雲南的西南部。﹝註21﹞德昂族、布朗族、佤族都是南亞語系民族，庫瑪（Kumar）等人的分子人類學研究表明，南亞語系民族的祖先住在今印度東北部，從這裡東遷到東南亞，今印度東北部的孟達族（Munda）是最古老的南亞語系民族。﹝註22﹞柬埔寨語與越南語都屬於孟—高棉語族，今緬甸南部的孟族（Mon）曾是今緬甸中部與泰國中部的主體民族。Mon 的讀音接近 Munda，末多的上古音 mat-tai 接近 Munda，中國西南的南亞語系民族在數千年前的族名接近他們從印度遷出時的古名。所以末多人無疑是南亞語系民族，正是最早喝茶的民族。

　　唐代樊綽《蠻書》卷六：「自瀾滄江已西，越賧、撲子，其種並是望苴子。」望苴即門達，說明今鳳慶縣、雲縣、臨滄等地原來都是南亞語系民族分布地。唐代的茶仍然主要產自雲南的西南部，《蠻書》卷七《雲南管內物產》：「茶出銀生城界諸山。」銀生城在今雲南省景東縣，銀生城界包括瀾滄江流域等地，是茶的主要原產地。

　　2015 年，中國科學院地質與地球物理研究所利用植物微體化石和生物標誌物方法，鑒定漢陽陵第 15 號外藏坑、第 16 號外藏坑中出土的植物為茶葉，這是全世界最早的茶葉食物，證明漢景帝劉啟就已飲茶。這個重要的考古發

﹝註18﹞ 周運中：《漢武別國考》，《暨南史學》第 13 輯，2017 年。收入周運中：《道士開關海上絲綢之路》，花木蘭文化事業有限公司，2020 年，第 71～86 頁。

﹝註19﹞ 陳開心《茶樹起源在臨滄》，《茶業通報》2007 年第 1 期。

﹝註20﹞ 張穎君、楊崇仁、曾恕芬、陳可可、江鴻建、左成林：《白鶯山古茶的化學成分分析與栽培茶樹的起源》，《雲南植物研究》2010 年第 1 期。

﹝註21﹞ 趙世林：《西南茶文化起源的民族學考察》，《西南民族學院學報》哲學社會科學版，2000 年第 11 期。

﹝註22﹞ Kumar V, Langsiteh BT, Biswas S, Babu JP, Rao TN, Thangaraj K, Reddy AG, Singh L, Reddy BM(2006) Asian and Non-Aisan Origins of Mon-Khmer and Mundari Speaking Austro-Asiatic Populations of India. Am J Hum Biol 18:461~469.中譯本見蘭海譯：《Y 染色體證據顯示南亞語系人群有共同的父系起源》，《現代人類學通訊》第 1 期，2007 年。

現，現在得到了郭憲此書的印證。西藏噶爾縣故如甲木寺墓出土了有「王侯羊王」文字的鳥獸紋錦、幾何紋錦、方目紗、微型金面具、銀器、料珠、中原式鐵劍等重要文物。銅盆、銅壺內發現了茶葉狀植物殘片，在一件木勺內發現有茶葉狀植物殘片，比文獻記載茶葉在唐代傳入西藏要早得多。〔註23〕

康民，即昆明，是南亞語系民族，在今雲南東北部。

周靡，即漢代收靡縣，在今雲南尋甸縣。

如果把這一條路，連起來，就是從四川、雲南再到域外的道路，說明《逸周書》的資料原有地圖。

五、古莽國在柧門嶺

上古有一部奇書《列子》，很多人認為這本書不是上古的書，而是六朝人的偽造，理由是其中有故事類似印度故事，上古人不可能知道印度故事，我認為這不是鐵證。這本書的風貌不似六朝偽作，即便是六朝人改編，也一定有其上古的素材。這本書的真正作者未必是列子，但是內容應該出自戰國。

這本書的作者很可能是齊國的黃老學派，所以書中很多地方看出齊國的因素，比如卷二《黃帝》：「列姑射山在海河洲中。」內容來自《莊子》的藐姑射山，可是移到了海上，《山海經・海內東經》誤入《海內西經》的話：「列姑射在海河州中。射姑國在海中，屬列姑射西南，山環之。」同篇還有海上之人有好漚鳥者的故事。卷五《湯問》有東海大壑中的五大神山描寫，非常詳細，又稱齊州（齊地）在天下中心。

卷三記載周穆王時，西極之國有化人來。卷五又稱周穆王去西域遇到工人，名為偃師，應該是奄蔡、崦嵫的同源字，這也解釋了河南偃師的由來，這種神奇的記載不可能是六朝人編造。又稱：「周穆王大征西戎，西戎獻錕鋙之劍，火浣之布。」劍本來是源自西域，錕鋙即傳播西域冶金技術到中原的昆吾氏，火浣布是西域的石棉。

此書卷三《周穆王》：

> 西極之南隅有國焉，不知境界之所接，名古莽之國。陰陽之氣所不交，故寒暑亡辨。日月之光所不照，故晝夜亡辨。其民不食不衣，而多眠。五旬一覺，以夢中所為者實，覺之所見者妄。

〔註23〕中國社會科學院考古研究所、西藏自治區文物保護研究所：《西藏阿里地區噶爾縣故如甲木墓地2012年發掘報告》，《考古學報》2014年第4期。

　　四海之齊，謂中央之國，跨河南北，越岱東西，萬有餘里。其
陰陽之審度，故一寒一暑。昏明之分察，故一晝一夜。其民有智有
愚。萬物滋殖，才藝多方。有君臣相臨，禮法相持。其所云為不可
稱計。一覺一寐，以為覺之所為者實，夢之所見者妄。

　　東極之北隅，有國曰阜落之國。其土氣常燠，日月餘光之照。
其土不生嘉苗。其民食草根木實，不知火食。性剛悍，強弱相藉，
貴勝而不尚義；多馳步，少休息，常覺而不眠。

　　西南的古莽國，讀音雖然也接近昆明、吉蔑（高棉）Khmer，但是最接近
的還是枯門，枯門嶺在今緬甸北部的克欽邦。景頗族（克欽族）語言的 kumon
bum yan 是野人山，又名克欽山。

　　如果古莽源自南亞語系族群的通稱，也有可能在雲南或緬甸的其他地方，
總之在熱帶，因為南亞語系族群主要分布在熱帶。

　　因為是熱帶雨林，所以看不到陽光。四季皆夏，所以不分寒暑。蚊蟲、螞
蟥、血吸蟲、沙虱很多，傳播瘧疾、回歸熱、破傷風、出血熱等多種病害，古
人統稱為瘴癘。居民裸體，因為暑熱而長時間睡眠，這些描述都很符合。如果
是昆明所在的雲南省中部，四季如春，也不是熱帶雨林的植被。雖然枯門嶺好
像人間地獄，但是其中的帕敢礦場出產高等翡翠，所以歷史上仍然很多人去緬
甸貿易，中原人也能知道。

　　阜落的上古音是 balak，顯然是阿爾泰語系突厥語族的泉水，今天一般譯
為布拉克。此處認為在東北，這是因為突厥族群的冶金術和武力更強，很早就
東征，所以通古斯語族受到突厥語族的影響。

　　我已經在我研究《山海經》的專著中，詳細考證《海外南經》、《大荒南經》
多數內容在今南亞，〔註24〕雖然這些內容很可能是來自西域的民族。但是不排
除其中的雲貴等地內容可能來自楚地。

　　托勒密地圖上的 Cottiaris（交趾）河口有 Cattigara（交趾）城，gara 是梵
語城市 nagara 的缺訛，Coccora-Nagara 應是 Cora 城，在今河內西北的古螺（Co-
Loa）古城。地圖上的梵語地名證明很早就有印度人來到越南，或許上古已有
印度人來到越南。〔註25〕

〔註24〕周運中：《山海經通解》，花木蘭文化事業有限公司，2021 年。
〔註25〕周運中：《歐洲最早記載的越南與中國航路》，《唐代航海史研究》，花木蘭文化
　　　　事業有限公司，2020 年，第 196 頁。

　　總之，集合我此前在其他著作中的系列研究，可以知曉上古人的活動範圍比我們過去想像的範圍要大很多，春秋戰國時期的東亞民族有可能知道一些印度的文化。印度文化在從西南向中原傳播的過程中，可能越來越少，越來越脫離其原貌，但是這些僅存的文化因素也很珍貴。他山之石，可以攻玉，這些異域文化因素有可能對中原文化產生強烈的刺激，產生老子思想。

第三章　三星堆祭司來自印度

　　上一章主要是從文獻出發考證，其實在更早的商周時期，四川三星堆文化就包含大量來自印度和更遠地方的文化因素。四川是民族遷徙的重要通道，現代彝族中檢測出來自南亞移民的成分。

一、三星堆、金沙文化與印度、緬甸

　　四川廣漢三星堆遺址的兩個商代祭祀坑，1986 年出土了近千件金、玉、銅、陶、骨器和象牙文物。這些文物，造型奇特，材質珍貴，迥異中原文化。其中金面具、金權杖、金箔虎，顯然都是源自更早的埃及和西亞文化，中國早期看不到金面具、金權杖等物品。三星堆出土的大量象牙來自熱帶，數千枚海貝經過鑒定來自印度洋。印度洋地區往往把海貝作為貨幣，這些海貝可能是作為寶物或貨幣輸入四川。而大型的青銅人像和青銅神樹在中國也找不到源頭，但是在更早的西亞能找到源頭。〔註1〕

　　中國最早的柳葉形青銅劍出土於成都十二橋晚商遺址，這種青銅劍是在西元前 3000 年的土耳其的安那托利亞文明出現。印度從西元前三千紀中期開始出現，流行到前 1500 年左右。中國西南地區出現這種成熟的劍型，約在前 1300 年左右，很可能是從印度傳入中國。〔註2〕

　　以上文物說明，商代的四川，不僅崇奉來自西亞和南亞的宗教信仰，而且很有可能遷入大量來自西方的祭司和武士。

〔註1〕霍巍：《廣漢三星堆青銅文化與古代西亞文明》，《西南考古與中華文明》，巴蜀書社，2011 年，第 21～34 頁。
〔註2〕段渝：《商代中國西南青銅劍的來源》，《社會科學研究》2009 年第 2 期。

　　三星堆出土很多海貝，還有兩種模擬海貝形狀的青銅器，一種是模擬扇貝，一種是模擬寶螺。三星堆出土的琥珀應該來自緬甸，唐代樊綽《蠻書》卷七：「琥珀，永昌城界西去十八日程琥珀山掘之。」永昌（今保山）之西十八天路程在今緬甸。

三星堆出土的海貝、模擬扇貝、寶螺的青銅器

　　海貝是四千多年前就傳到了青藏高原，很可能也是從四川轉運。我們在甘肅省馬家窯文化的陶器上看到海貝紋，有時很簡化，被人誤以為是女陰紋，但是從成串的這座花紋來看，不可能是女陰紋。

馬家窯文化海貝紋陶器

　　青海省大通縣上孫家寨的卡約文化遺址出土了一些3200年前的金貝，用金器模擬海貝形狀。

三星堆出土青銅金面具銅人首

　　三星堆有一種奇特的青銅人面塑像，鼻子向上伸出很高的。有學者解釋為象鼻，則很接近印度的象頭神。青銅大立人像的底座，也是四個象頭。〔註3〕

三星堆出土象鼻銅人首、西周楚公家鍾的大象圖案

〔註3〕段渝：《南方絲綢之路：中印交通與文化走廊》，《思想戰線》2015 年第 6 期。

　　非常值得注意的是，三星堆的象鼻人首面具，象鼻的中間多出一把刀的形象，而 1988 年陝西省扶風縣召陳村出土的西周時期楚公家鍾右下角的大象圖案，象鼻中間也有類似的形象，而且象鼻的左側還有非常類似的花紋。這就證明了三星堆的這個人首向上伸出的確實是象鼻，而且這個象鼻帶有宗教的威力，所以要加上一把刀的形象。三星堆還有一件青銅器，底座是兩頭有翼神獸，有翼神獸的形象在西方很多，在中國很少。

青銅大立人的象頭底座、有翼神獸底座

　　三星堆還有人像的帽子也是模擬大象的鼻子和耳朵，不過鼻子變小，耳朵變窄，使人不易看出。

模擬象鼻和象耳的帽子

二、印度移民的龍樹和三星堆龍樹

漢代西南常見的搖錢樹，源自三星堆的神樹，漢代人把上古神樹上的太陽誤畫成錢。前人早已發現，神樹在遠古埃及、西亞、印度的藝術中都已經出現，但是在中原很少看到，很可能來自西方。要解釋神樹的由來，顯然不能從上古中原的文獻出發，而應該從西南的民族文化中尋找。

三星堆的大小神樹

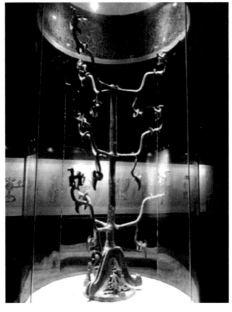

　　據現代分子人類學檢測，現代彝族Y染色體含有極高的F型，這在東亞非常罕見。四川涼山彝族抽樣檢測，F型高達四成。雲南雙柏彝族檢測，F型接近四成。南遷到雲南省東南部的彝族支系濮拉族，F型接近六成。彝族的親緣民族拉祜族、傈僳族、藏族也有一定比例，思茅的拉祜族高達三成，維西縣的傈僳族多達13%，青海藏族多達14%，麻栗坡縣的孟族多達19%。但是關係也比較接近彝族的納西族、哈尼族、怒族、普米族則缺少F型。〔註4〕

　　F型大概在4到6萬年前的南亞形成，現在主要分布在印度的南部，在印度西北部、東北部偏遠山地也有分布。從F型分化出的族群繼續向東遷徙到東亞和東南亞，又分出一支印歐人和印第安人的祖先族群，所以F型是現在亞洲、歐洲、美洲絕大多數人的祖先類型。這個古老的類型不太可能是在遠古來到中國並如此孤立地保留下來，彝族中的F型應是源自古代某一時期的南亞移民。藏族中，F型較多的是青海藏族，可能源自唐代吐蕃掠奪的彝族。說明南亞移民來到中國西南的時間也不會太晚，否則也不可能在彝族中留有如此多的子孫。現在雲南一些彝族的體貌還很接近印度人，毛髮捲曲，深目高鼻。

　　彝族的支系濮拉人，F型最多，但是F型不應是從濮拉人向滇西北擴散，否則傈僳族中不可能也有很多。樊刺源自布朗，濮拉人的Y染色體除了58.3%是F型外，還有25%是南亞語系民族的O2型，證明他們和布朗族融合最多，很晚才被彝族同化。雙柏縣原來也是布朗族之地，所以有馬龍河。濮拉人分布在開遠、馬關、麻栗坡等地，上文說過開遠最初是部嫋踵甸，部嫋即布朗族。印度移民很可能最初到達滇西南，融入布朗族和思茅的拉祜族，少量進入滇西北的傈僳族、藏族等族。

　　濮拉人習俗和北部彝族有很大不同，濮拉人不過火把節，被稱為白倮倮，彝族的奴隸主是黑彝，而白彝一般是被彝族征服的奴隸，顯示濮拉人的祖先不是正宗的彝族。

　　濮拉人最崇拜龍，一年中最大的祭祀是祭祀龍樹求雨，濮拉人認為龍神在龍樹上，龍樹是森林中最大的樹。〔註5〕他們的服飾也有白色的圓點，據說是模仿龍的鱗片。他們給每個出生的小孩種樹，認為這個小孩的生命和這棵樹相

〔註4〕謝選華：《從Y染色體遺傳結構看藏緬語人群的起源》，復旦大學碩士論文，2004年。

〔註5〕王英武：《雲南彝族濮拉人宗教信仰調查報告——以馬關縣新堡寨為例》，《西昌學院學報》社會科學版，2008年第1期。

連。我認為這可能反映濮拉人的祖先來自熱帶雨林，因為雲南的南部氣候更接近印度，所以 F 型在滇東南濮拉人、孟人和思茅拉祜族中保留較多。

　　我認為濮拉人的龍樹崇拜，正好解釋了三星堆神樹的原型是龍樹，三星堆的神樹，下方有一條很大的龍。還有一棵稍小的神樹，雖然看不到龍，但是樹的下方有三個有翅膀的小人，這種造型在西方很多，在上古中原很少看到，很可能也是來自西方。既然濮拉人的祖先來自印度，三星堆也有濮拉人祭祀的龍樹，這更證明了三星堆文化中有來自印度的文化。

大小神樹下方的龍和羽人

　　大理喜洲鎮弘圭山出土的東漢青銅鳥背部，有一個長翅膀的仙人，手持藥罐，身後又有一個尾巴很長的小鳥，應該是指不死之藥的神仙。這種造型來自西方，很可能來自印度。

大理出土東漢青銅神仙騎鳥、貴州清鎮出土東漢青銅負瓶仙鳥

　　貴州清鎮縣東漢墓中也出土了一個類似的青銅鳥，身上也有一個藥罐。清鎮縣還出土了一個銅燈，下方是胡人騎在龜的身上。貴州興仁縣交樂漢墓出土了胡人陶俑，非常寫實。1965 年，貴州平壩縣馬場六朝墓出土了由瑪瑙、琥珀、水晶等組成的項鍊，這些寶石應該有很多來自緬甸。〔註6〕

清鎮縣出土漢代胡人銅燈、興仁縣出土漢代胡人陶俑

　　三星堆的神樹在漢代演變為西南的搖錢樹，搖錢樹上的錢本來是太陽，訛變為漢人喜好的錢幣。但是在搖錢樹上還可以看到很多西南邊疆的事物，綿陽何家山 1 號墓出土的搖錢樹杆出現了佛像，何家山 2 號墓出土的搖錢樹上最長的一層，有三個造型，從外到內，依次是頭載容器的人、象奴驅趕大象、猴神，這也是受到西南邊疆的文化影響。

〔註 6〕貴州省博物館編：《貴州文物精華》，貴州人民出版社，2009 年，第 114、125 頁。

綿陽何家山搖錢樹佛像、大象、猴神

三、雙手合十與天菩薩髮型人像

2021 年三星堆（祭祀區 4 號坑）出土了此前從未見到的雙手合十人像，共有三件，非常類似。〔註7〕頭上有很高的髮髻，從服裝、相貌和紋身來看，明顯是西南土著民族。

三星堆出土雙手合十人像、尖帽人像

我認為，這是彝族的天菩薩髮型，小孩和未婚男子在頭頂的前面，蓄一撮長髮，彝語稱如比，是男魂居住的地方。婚後男子在頭頂梳辮子，盤於頭上，稱如且。男人死時，如有子女，則把頭前頭髮打成尖狀物形，稱天菩薩。現在通常將這三種髮型，統稱為天菩薩。彝族人把天菩薩視為男子靈魂的藏身之

〔註7〕吳曉鈴、吳夢琳：《數量豐、製作精、造型奇：三星堆祭祀區公布最新發掘成果》，《川觀新聞》2021 年 10 月 10 日。

地，神聖不可侵犯和褻瀆，不許他人觸摸。如果被婦女摸到天菩薩，男子將認為終身不吉，要將天菩薩髮型剃光，否則死後不能魂歸祖界。四川美姑縣天喜鄉有一位名叫阿烏偉古的老人，從年輕時一直蓄天菩薩到七十歲，長兩米多，重約 3 斤，倍受當地人們的敬仰。天菩薩髮型源自印度教，現在印度很多人還有這種髮型。而涼山彝族的父系血統有近一半源自印度，所以這種髮型也是來自印度。

天菩薩除梳理和晾曬時散落下來，平時都纏繞在頭頂上，形成螺髻狀。也像山峰形，令人想到唐宋時期漢族流行的樸頭，就是頭巾包裹高聳的髮髻，新浪微博網友時光夜航船（曾用名古今夜航船、世界夜航船等）指出現在印度錫克族的 Pakta 非常類似，連讀音都完全吻合。而 Pakta 和突厥語的博格達 Bogda，讀音很類似，所以名稱很可能源自中亞的胡人。博格達的原義可能是神聖，天山有博格達峰。

傳統認為雙手合十源自佛教，是印度的禮節。現在看來比佛教產生的時間更早，西南的民族已有這種祭祀的手勢，或許還流行在雲南到緬甸等地。彝族的天菩薩髮型源自印度，所以這種儀式也是源自印度。

三星堆（祭祀區 3 號坑）新出土的青銅器另有尖帽人像，顯然是源自西北草原的塞人巫師服裝，證明三星堆也受到中亞文化的影響。

四、金沙金器的太陽神鳥是火烈鳥

2001 年發現的成都金沙遺址是全國重點文物保護單位，出土 30 多件金器、400 多件玉器、400 多件銅器、170 件石器、40 多件象牙器，象牙重近一噸，還有大量陶器。絕大多數在商代晚期和西周早期，很多器物和較早的三星堆遺址風格相同。出土的商代晚期的圓形金箔製品，極為精美，成為金沙文化的標誌，2005 年 8 月 16 日被國家文物局定為中國文化遺產標誌。圖案鏤空，外圈是四隻飛鳥，中間的太陽有十二條光芒。有學者認為太陽的十二條光芒指十二個月，四鳥代表四個季節。

還有人把這件金器解釋成金烏負日，幸而現在的文物學界，一般把這件金器定名為太陽神鳥，而沒有確定是什麼鳥，因為金器上的鳥，明顯不可能是烏鴉。這種鳥有極長的腳和脖子，應該是鸛形目或鶴形目的鳥類。而烏鴉的腳和脖子都不長，所以不可能是烏鴉。

金沙金器的鳥嘴、火烈鳥的鳥嘴對比

我認為，這種太陽神鳥不是一般的鸛或鶴，這種鳥的嘴粗短，而且有向下的弧形，有一個保留最完全的鳥頭還顯示這種鳥的上嘴小，而下嘴大，上嘴向下彎曲，而下嘴沒有。這種鳥嘴正是火烈鳥才有的特徵，鶴的嘴是細長的，不是粗短的，鶴嘴也沒有向下的彎曲，鶴嘴也不是上細下粗。

火烈鳥屬於鸛形目、紅鸛科、紅鸛屬，火烈鳥的大火烈鳥種在亞洲分布在西亞、南亞和中亞。火烈鳥渾身紅色，成百上千集群生活，非常壯觀，所以被看成是火鳥，被古人當成太陽神鳥也很正常。2012 年四川廣漢鴨子河邊有人觀察到火烈鳥，2015 年 11 月四川金堂沱江邊又有很多人拍攝到 6 隻遷徙路過的火烈鳥，這兩個地方都靠近成都，廣漢鴨子河緊靠三星堆，2018 年初又有人在成都郊外發現火烈鳥，所以上古的成都人自然也有可能看的火烈鳥。

其實，千古奇書《山海經》就記載了南亞的火烈鳥。崑崙山是中國人自古以來熟悉的神山，我曾經通過火山、流沙、玉礦和河流四大自然地理證據，確定《山海經》裏崑崙山的位置，狹義的崑崙山是指今天和田南部的崑崙山，廣義的崑崙山還包括阿里高原和帕米爾高原。〔註7〕《山海經·西次三經》崑崙山之西的第七山章莪山：

> 有鳥焉，其狀如鶴，一足，赤文青質而白喙，名曰畢方，其鳴
> 自叫也，見則其邑有訛火。

畢方鳥像鶴，有紅色的花紋，藍色的底色，白色的嘴，出現的地方有火災。章莪山在今阿富汗，畢方鳥就是火烈鳥，鸛形目、鶴形目的鳥喜歡一隻腳站在水中，所以被誤認為是一足。

火烈鳥的拉丁文學名是 Phoenico pterus ruber，Phoenico 和古代中東地區

〔註7〕周運中：《〈山海經〉崑崙山位置新考》，《中國歷史地理論叢》2008 年第 2 期。

傳說的鳳凰 phoenix 有關，而 phoenix 的原型很可能就火烈鳥，所以印度佛典中才有鳳凰在烈火中涅槃的傳說。《山海經》稱之為畢方，畢方的讀音很可能和 phoenix 有關。

　　有學者認為《山海經》裏的畢方鳥是赤頸鶴，又把火烈鳥的特徵張冠李戴在赤頸鶴身上，其實赤頸鶴分布於中國雲南、東南亞、印度及大洋洲，不在中亞，所以肯定不是畢方鳥。

第四章　上古蜀國史破解

巴蜀兩地古史，蜀地更長更詳，《華陽國志》卷三《蜀志》保留了蠶叢、柏灌、魚鳧、杜宇、開明的傳說如下：

> 周失綱紀，蜀先稱王。有蜀侯蠶叢，其目縱，始稱王。死，作石棺石槨，國人從之，故俗以石棺槨為縱目人冢也。次王曰柏灌。次王曰魚鳧。魚鳧王田於湔山，忽得仙道，蜀人思之，為立祠。
>
> 後有王曰杜宇，教民務農，一號杜主。時朱提有梁氏女利，遊江源，宇悅之，納以為妃。移治郫邑，或治瞿上。七國稱王，杜宇稱帝，號曰望帝，更名蒲卑……會有水災，其相開明，決玉壘山以除水害……遂禪位於開明，帝升西山隱焉。時適二月，子鵑鳥鳴，故蜀人悲子鵑鳥鳴也。巴亦化其教而力農務，迄今巴蜀民，農時先祀杜主君。
>
> 開明立，號曰叢帝。叢帝生盧帝。盧帝攻秦，至雍，生保子帝。帝攻青衣，雄張獠僰。九世有開明帝，始立宗廟，以酒曰醴，樂曰荊，人尚赤，帝稱王……開明王自夢廓移，乃徙治成都。

開明之後九世的開明帝為秦國所滅，所以開明應在春秋戰國時期，而杜宇可能在西周之時，再前面的魚鳧在夏商時代，蠶叢、柏灌在上古的新石器時代。前人未能破解這些歷史，這些歷史必須要結合民族學、分子人類學、考古學及自然科學，才能破解。

現在考古學揭示四川盆地距今 4500～3700 年前是寶墩文化，此時成都西部的平原已有 8 座城址，說明進入國家起源時期。

距今 3700～3200 年前的成都平原進入三星堆文化時期，吸收了同時代中原夏商文明的技術和很多文化因素。

距今 3000 年前，廣漢的三星堆古城被廢棄，中心轉移到成都平原，進入十二橋文化，延續到 2600 年前，相當於中原的西周和春秋時期，目前發現的最大遺址是成都的金沙遺址。

公元前 500 年前，進入蜀文化晚期，直到前 316 年秦滅蜀。有學者把寶墩文化時期稱為蠶叢到柏灌時代，三星堆文化時期稱為魚鳧時代，十二橋文化時期稱為杜宇時代，晚期蜀文化稱為鱉靈時代。〔註1〕

一、蠶叢是 Y-D 月號

現在岷江上游的羌族，有羌族和戈人大戰的傳說，說戈人身材矮小，眼睛突出，脖子短，蠢笨而不知農業，住在山洞，生吃食物，被羌族打敗，被趕到終年落雪之地，戈人留下石棺墓，羌族佔據現在的居住地。原住民戈人被羌族趕往雪山，即岷山，說明戈人就是蠶叢，因為漢代的蠶陵縣在今四川茂縣北部，蠶陵是蠶叢氏之山，靠近岷山。

蠶叢即蜀人，住在岷山，岷山即蜀山，《漢書·地理志上》蜀郡：「《禹貢》桓水出蜀山西南，行羌中，入南海。」桓水（白龍江）出自岷山。

羌族說戈人眼睛突出，留下石棺，令我們想到《華陽國志》記載蠶叢縱目，葬在石棺。三星堆有的人像，眼球突出在眼眶之外。

2007 年 12 月 17 日的《成都商報》報導，有人在四川省北部的平武縣白馬鄉的刀切加等村發現很多眼睛比較傾斜的藏族，認為蠶叢氏縱目的真相不是眼球突出，而是眼睛傾斜。我認為此說不確，因為蠶叢氏雖然被趕到高原，但是仍然緊鄰成都平原，不太可能弄錯。古代很多內陸山地居民因為缺鹽，身體缺碘，出現甲狀腺疾病，〔註2〕所以眼球突出，我認為這是縱目的訛傳由來。

據《漢書》的《哀帝紀》、《天文志》、《五行志下之上》，漢哀帝建平四年（前 3 年），因為謠傳，天有異象，白氣從西南上天，各地民眾祭祀西王母，傳遞西王母的行詔籌，有人半夜在房頂舉火，敲鼓號叫，又傳說縱目人要來。

〔註1〕成都金沙遺址博物館：《金沙遺址》，五洲傳播出版社，2006 年，第 119 頁。
〔註2〕古代西南很多人因為缺碘導致甲狀腺腫大，《太平寰宇記》卷八四龍州（治今江油）風俗：「山高水峻，人多瘤。」

西王母是青藏高原的游牧民族女王，證明縱目人也在青藏高原。

白馬藏族分布在今甘肅文縣、四川平武縣、九寨溝縣等地，他們的 Y 染色體檢測出的結果，基本全是 D 型。D 型族群是 6 萬年前從非洲走出的族群，現在被晚到亞洲的族群排擠到了青藏高原和日本列島、安達曼群島等地。安達曼人和東南亞一些叢林中的原始人曾被統稱為矮黑人，因為他們身材矮小，相貌非常接近非洲的黑人，而和現在東南亞各國的主體民族差別很大。現在分子人類學發現，矮黑人中的一些民族，確實是很早走出非洲的族群。

白馬藏族在古代冄駹和氐人的居地，《史記·西南夷列傳》：「自筰以東北，君長以什數，冄駹最大。其俗或士箸，或移徙，在蜀之西。自冄駹以東北，君長以什數，白馬最大，皆氐類也。此皆巴蜀西南外蠻夷也。」

漢代的氐族分布在甘肅南部到四川西北部，有白馬氐。《三國志》卷三十裴松之注引魚豢《魏略·西戎傳》曰：「氐人有王，所從來久矣。自漢開益州，置武都郡，排其種人，分竄山谷間，或在福祿，或在汧、隴左右。其種非一，稱槃瓠之後，或號青氐，或號白氐。或號蚺氐，此蓋蟲之類。而處中國，人即其服色而名之也。」

岷江上游有氐、羌、冄駹，《後漢書·西南夷列傳》：「其山有六夷、七羌、九氐，各有部落。」《史記索隱》引應劭：「汶江郡，本冄駹，音亡江反。」駹的讀音是 mong，馬長壽誤讀為戎，解釋冄駹為嘉絨藏族 tia-rung。〔註3〕其實駹和龍的簡化字接近，二者毫無關係，《說文》：「尨，犬之多毛者。」尨是犬字上加三筆，表示多毛。

冄駹在岷江上游，蠶叢上古音 dzəm-dzong，接近冄駹的上古音 ŋiam-meong。更有趣的是，蠶叢、冄駹的上古音居然極其接近泰國、馬來西亞交界山地叢林中的色芒人 Semang，這是一種矮黑人，所以我認為蠶叢、冄駹、色芒可能是 Y 染色體為 D 型人群原來的族名。

蠶叢（色芒）的語源可能是石頭，指他們住在石洞中，現在南亞語系語言的石頭讀音接近 Semang，石頭的佤語是 səmoʔ，柬埔寨語的石頭是 tmaa，庫伊語是 təmaw，布勞語是 təmaa，羅文語是 təmɔɔ，〔註4〕佤語的石頭特別接近 Semang，其他語言的石頭接近德昂，一般認為德昂族的名字 ta ʔang 正是源自石洞，但是

〔註3〕馬長壽：《氐與羌》，廣西師範大學出版社，2006 年，第 12 頁。
〔註4〕顏其香、周植志：《中國的孟高棉語族語言與南亞語系》，社會科學文獻出版社，2012 年，第 77 頁。

我認為德昂語的大是 tang，讀音也接近德昂，〔註5〕所以德昂也可能源自大。南亞語系民族和 D 型族群的關係最密，很多 D 型族群被南亞語系族群同化。

蠶叢（色芒）的語源也可能是毛蟲，因為 D 型人群早在六萬年前就從非洲走到亞洲，當時還是冰期，所以他們發展出特有的體質，渾身多毛，抵禦寒冷。現在 D 型被晚來的族群排擠到了日本列島和青藏高原，在日本人和藏族人之中非常多。日本的原住民阿依努人以 D 型為主，他們的體毛非常發達，所以古代被日本人稱為蝦夷，意思是他們有蝦那樣的長鬚。藏族傳說祖先是獼猴和魔女結合，獼猴是紅臉多毛，藏族的臉多是紅色。毛蟲也有很多毛，所以他們被晚來的族群比喻為毛蟲。印歐語的毛蟲，讀音接近，比如俄語是 cerv，梵語是 sarp，都接近 semang。所以《魏略》稱蚋的意思是蟲，或許是望文生義，也可能是歪打正著，暫且存疑。蠶本來就是毛蟲，蠶的上古音 tsam，讀音也很接近 semang，因為 semang 本來就是源自毛蟲。所以蠶叢的本義就是毛蟲，叢就是蟲。弭髳的髳，就是蚊、蟎，現在南方很多方言的蟎還讀 mong 或 mang。南亞語系也接近，蚊子的柬埔寨語是 muuh。〔註6〕

巴人傳說祖先打敗佔據鹽井的女神，女神放出毛蟲，其實就是指晚來的族群打敗 D 型族群，殺死他們的男人，娶女人為妻。

蠶叢氏被羌族打敗和同化，形成了現代藏族，現在藏族的體質和漢族不同，但是語言則屬漢藏語系。

唐朝杜佑《通典》卷一九〇《邊防六》記載党項人的八大氏族，第一個就是細封氏，中古音是 se-bong，顯然就是 Semang。

今成都北部的什邡，很早就有，劉邦封雍齒為什邡侯。什邡的上古音是 zjip-piuang，讀音很接近 Semang，z 和 s 接近，p 和 m 都是唇音，這個縣因為蠶叢部落得名。四川盆地東部還有茲方，也即什邡。《史記·楚世家》：「肅王四年，蜀伐楚，取茲方，於是楚為扞關以距之。」

板楯蠻七姓之中第三大姓的咎，不讀處，《後漢書》作督，原應作督，也即蠶，源自蠶叢氏。《漢書·地理志上》巴郡宕渠縣記載，西漢的潛水是今四川省東北部的渠江。西漢越嶲郡灊街縣在今四川省南部，灊的讀音接近蠶，很可能也是源自蠶叢氏。

漢朝越嶲郡有三縫縣（在今元謀北），上古音是 sium-biong，極近弭髳、

〔註5〕顏其香、周植志：《中國的孟高棉語族語言與南亞語系》，第 89、186 頁。
〔註6〕顏其香、周植志：《中國的孟高棉語族語言與南亞語系》，第 80 頁。

蠶叢。三縫是長江渡口,《華陽國志‧蜀志》越巂郡:「三縫縣,一曰小會無,音三播。道通寧州,渡瀘得蜻蛉縣。」此地在一個小盆地,溫度較高,在冰期是南方人北遷的咽喉。西昌所在的安寧河谷溫度也比兩側山地高,蠶叢從這條路北遷四川盆地。賓川縣的納溪河,唐代稱為矣輔江,的讀音接近 semang。

南詔的尋傳城、長傍城(都今緬甸)、大理的嵩盟部(今嵩明)、雲南省西盟縣、浙江四明山(在今寧波)都是 Semang 的音譯,唐代樊綽《蠻書》卷四《名類》:「裸形蠻,在尋傳城西三百里為窠穴,謂之為野蠻。閣羅鳳既定尋傳,而令野蠻散居山谷。其蠻不戰自調伏,集戰自召之。其男女遍滿山野,亦無君長。作攬欄舍屋。多女少男,無農田,無衣服,惟取木皮以蔽形。或十妻、五妻共一丈夫,盡日持弓,不下攬欄。有外來侵暴者,則射之。其妻入山林采拾蟲魚菜螺蜆等歸,啖食之。」裸形蠻在今緬甸北部,非常原始,很可能是色芒人。

又稱倮人,《太平寰宇記》卷一一六道州風俗:「別有山傜、白蠻、倮人三種類,與百姓異居,親族各別。」土產:「道州土地產民多矮,每年常配鄉戶,貢其男,號為矮奴。」卷一六三,靠近道州的昭州平樂縣引郭仲產《湘州記》:「有木客,形似小兒,歌哭、行坐、衣服不異於人,而能隱形。山居崖宿,作器至精巧,時出市易,人亦無別,就人換借,此皆有信義,言語亦可解,精器木理也。」山傜是瑤族,白蠻是濮人,白 bak 和濮 pok 音近,我已經考證富川、服嶺都源自濮人。〔註7〕倮人應是 Y 染色體 D 型族群,因為漢代在今江永縣南部有謝沐縣,謝沐 zak-mok 讀音接近 Semang。

分子人類學發現 Y-D1 型在廣西的東北部比例非常高,在一些瑤族支系中特別高,包括富川縣的平地瑤,在金秀縣的茶山瑤、拉珈人之中超過 50%。〔註8〕我認為這正是因為 Semang 人居住在山地,融入了瑤族。《太平寰宇記》卷一六五象州武化縣:「程郎水,一名思傍水。」思傍的讀音非常接近 Semang,可能源自 Semang 人,武化縣的東部在今金秀縣西北。金秀縣南部,古代是潯州,潯的上古音 zəm 接近 Semang。

我認為安徽歙縣的名字源自 Semang,上古音的歙是 sap,非常接近。《左傳》哀公十九年:「秋,楚沈諸梁伐東夷,三夷男女及楚師盟於敖。」三夷就

〔註7〕 周運中:《趙佗北侵服嶺與馬王堆軍事》,《秦漢歷史地理考辨》,花木蘭文化事業有限公司,2019 年,第 262 頁。

〔註8〕 韋蘭海:《Y 染色體單倍群 D 在東亞的分布及其意義》,《現代人類學通訊》第14 卷第 5 期。

在歙，因為三 sam 和歙 sap 讀音接近。男女證明三夷是荒僻之地的部落，因為在群山之間。《梁書》卷五四記載孫吳的諸葛恪征討丹陽郡南部山地，獲黝、歙短人，這正是在山地殘存的 Y-D 型族群。

蠶叢（冉駹）大量融入氐族、羌族，因為漢魏晉時期的氐族、羌族曾經大量遷往陝西、山西，又進入中原，所以現在陝北到晉西、河南也有一些人是 D 型。今天有河南的井姓，測出 Y 染色體是 D 型，我認為就是因為他的祖先來自蠶叢，又被融入罕井羌，漢化改為井姓，經過陝西遷入河南。

現在陝西省白水縣有縱目鄉，而白水縣正是東遷的羌族聚集地，馬長壽曾經詳細列舉白水縣的羌族地名，白水縣有乾耳村來自羌族的鉗耳氏，有扶蒙村來自羌族的夫蒙氏，有井姓、雷姓都是羌族姓氏。縱目鄉有前秦建元四年（368年）的《廣武將軍□產碑》，碑文中有大量羌族姓氏：夫蒙、傉蒙、雷、同蹄、井。白水縣東部的澄城縣、西部的銅川市、南部的蒲城縣、西南的富平縣及渭南、藍田等地還有很多碑刻，記有很多羌族名字。〔註 9〕現在中國的冉姓主要分布在四川，也是西南特色的姓氏，我認為冉姓很可能源自冉駹。

	上古音	王力構擬的音標
蠶叢	從母侵部、從母東部	dzəm-dzong
冉駹	日母談部、明母東部	ŋiam-meong
什邡	禪母緝部、并母陽部	zjiəp-piuang
三縫	心母侵部、并母東部	siuəm-biong
謝沐	邪母鐸部、明母屋部	zak-mok
思傍	心母之部、幫母陽部	sə-bang

印度傳說，毗濕奴的第十個化身卡里（Kali）女神，消滅了惡魔松帕（Sumbha）派出的門達（Munda）。我認為，這是雅利安人消滅土著的曲折反映。松帕的讀音接近色芒，門達的讀音則和印度東北部南亞語系族群門達人一模一樣！現在門達人是孤立分布在印度的南亞語系族群，遠古時期的地域應比現在大。Y-D 人群現在印度絕大多數地方找不到，但是在克拉拉邦的考拉噶（Koraga）部落有 6% 的成分，說明原來印度也有。

正如印度人把色芒人稱為魔鬼，中國的魑魅也是魔鬼，魑魅的讀音非常接近 Semang，源自 Y-D 族群。

〔註 9〕馬長壽：《碑銘所見前秦至隋初的關中部族》，廣西師範大學出版社，2006 年。

二、蜀的原義是蠟蟲

　　蜀是燭的本字，燭字是蜀加上火，因為蜀的本義是中國西南特產的蠟蟲，所以蜀字中間有個蟲，蠟蟲做成蠟燭，蠟燭加上火就點亮了。

　　蠟蟲主要從雲南銷往四川，1903 年美國旅行家 William Edgar Geil，在雲南東北部的會澤縣迤車鎮，經過蠟蟲的生產地帶。他記載這片小平原上，有成千上萬棵蠟蟲樹。立夏開始，成百上千的人來收購蠟蟲。平常年份，一擔蠟蟲約 70 斤的價格是 30 盎司銀子。在好的年份，翻山越嶺，賣到四川，可以賣 80盎司銀子或更多。1902 年，雲南生產了 8000 擔蠟蟲。〔註 10〕

　　蜀人把蠟蟲賣到中原，所以夏商時期的中原人根據蜀人的名字來稱蠟蟲，用蠟蟲的象形字來作為蜀字，但是蜀人的名號不是來自蠟蟲。

　　蜀的語源可能是頭髮，因為 D 型人群的毛髮很長，所以稱為髮羌，《後漢書》卷八七《西羌列傳》：「發羌、唐旄等絕遠，未嘗往來……唐遂弱，其種眾不滿千人，遠逾賜支河首，依發羌居。」發羌是黃河源頭，唐旄更遠。唐旄的讀音接近吐蕃，可能是吐蕃。髮羌的髮，上古音的 buat 接近藏族的自稱 bod，但也可能是音譯兼義譯。

　　頭髮，孟語是 suk，越南語是 tawk，芒語是 thak，柬埔寨語是 saq，〔註 11〕讀音接近蜀 sok。

　　蜀 sok、燭 tsok 的讀音接近笮 tzyak，所以蜀人很可能是笮人，《後漢書·南蠻西南夷列傳》：「笮都夷者，武帝所開，以為笮都縣。其人皆被髮左衽，言語多好譬類，居處略與汶山夷同。土出長年神藥，仙人山圖所居焉。」汶山郡在今岷江上游，汶山夷正是蠶叢氏，證明笮人正是蜀人即蠶叢氏。

　　漢代蜀郡笮都縣在今四川漢源縣，越嶲郡笮秦縣在今冕寧縣，定笮縣在今鹽源縣，大笮縣在今鹽邊縣，《史記·西南夷列傳》有笮馬、笮關，說巴蜀人販賣笮馬、僰僮、髦牛（犛牛）致富，漢武帝派軍隊殺笮侯，在笮都縣設沈黎郡。笮地不僅產馬，而且產鹽，他們從川南高原向四川盆地販賣很多商品，這正是魚鳧氏征服四川盆地的原因。

　　板楯蠻七姓之中的第六姓是夕姓，夕、謝的上古音都是邪母鐸部 zyak，唐代貴州有布依族西謝、東謝、南謝，《新唐書》卷二二二下記載謝氏的族人

〔註 10〕〔美〕蓋洛著、晏奎、孟凡君、孫繼成譯：《揚子江上的美國人：從上海經華中到緬甸的旅行記錄》，山東畫報出版社，2008 年，第 187～188 頁。

〔註 11〕顏其香、周植志：《中國孟高棉語族語言與南亞語系》，第 76 頁。

椎髻，用銅鼓，巢居即住在木樓上，貴州五姓蕃之中又有石氏，石的上古音 zjyak 也很接近。夕的讀音接近蜀，應是源自蜀人。

漢代越嶲郡的蘇示縣，在今冕寧縣南部，《三國志·張傳》作蘇祈縣，上古音是 sa-gei，音近蜀、筰，《新唐書》卷四三下嶲州都督府轄糜州的初漢州，卷二二二下的初裏部可能都來自此名。

漢代越嶲郡遂久縣在今麗江，上古音是 ziuət-kiuə，讀音也接近蘇祈、蜀、筰，這個民族。

古代西南有一種矮人稱為僬僥，也即漢語侏儒的由來，《山海經·海外南經》周饒國：「其為人短小，冠帶，一曰焦僥國。」《大荒南經》：「有小人，名曰焦僥之國。幾姓，嘉穀是食。」《後漢書》卷八六《南蠻西南夷列傳》：「永初元年，徼外僬僥種夷陸類等三千餘口舉種內附，獻象牙、水牛、封牛。」上古音的僬僥 dziô-ngyô，接近遂久、蘇祈、蜀、筰。

泰國南部叢林中的 Sakai 人的 Y 染色體有較高的南亞語系族群 O2 型，語言也屬南亞語系。現在麗江納西族、維西縣傈僳族測出有一半的 Y 染色體是南亞語系族群的 O2 類型，但是麗江納西族中有 37.5% 的 D 型 Y 染色體，證明麗江納西族是是南亞語系族群和蠶叢氏融合而成。麗江的古地名遂久和 Sakai 讀音接近，而納西族的名號看不出源自蠶叢氏的因素，證明蜀字源自蠶叢氏。因為蠶叢氏被晚到的族群排擠到了高原，所以我們看到遂久、大筰、定筰、蘇示、筰秦、筰都沿高原的邊緣分布。現代藏族還稱傈僳族為筰巴，也就是筰，正是因為傈僳族的重要源頭是 D 型族群。傈僳族因為被彝族長期同化，所以語言和風俗類似，傈僳的名字也是源自彝語，傈是人，傈僳是白色的人。

鹽源縣雙河鄉毛家壩村老龍頭 1999 年出土的萬家壩型銅鼓證明了早期居民是熱帶族群，1995 年涼山州繳獲的一件被盜青銅案，有一圈環繞的 30 個青蛙，還有兩條銜魚的蛇頭，反映了越人的崇拜。鹽源縣出土了很多戰國秦漢青蛙器，包括一批權杖，有的杖頭上有騎馬人，有的杖頭上有三女背水，有的兩側上有雙虎雙龍。鹽源縣因為有鹽井，所以有較強的經濟實力。

蜀（筰）人很早就發明了用藤蔓編造過江的大橋，被外族稱為笮橋，甚至上古成都的西南就有笮橋，被稱為夷里橋。晚到的族群從蜀人手上得到的知識，肯定不止笮橋和蠟蟲，所以我們應該記住他們的功勞。

鹽源縣出土的蛙蛇銅案

三、柏灌是 Y-C 濮人

柏灌的上古是 bak-kuan，柏的讀音接近濮 pok，應是濮人，即樊人。《左傳》文公十六年提到漢水中游的百濮，百濮不是百越。

我認為是 Y 染色體 C 型的族群，他們較早進入中國，被晚到的 Y 染色體 O 型族群排擠到了西南山地和東北。留在西南和中原的是濮，東北的是貊，上古音的濮是 pok，貊是 mak，讀音接近，《後漢書·東夷傳》:「句驪一名貊。有別種，依小水為居，因名曰小水貊。出好弓，所謂貊弓是也。」靺鞨的上古音是 mat-yat，音近貊。C 型是蒙古、通古斯語民族的典型單倍群，在內蒙古興安盟的人群中達到 80%，在黑龍江下游埃文克（Evenk）人、涅吉達爾（Negidal）人、那乃人（Nanai）等族高頻出現，庫頁島的尼夫赫人（Nivkh）有 8%，日本北海道的阿伊努人（Ainu）有 25%，鄂霍次克海和北美洲西北部有分布。貝加爾湖東部的布里亞特蒙古人中高頻出現，葉尼塞河中游的埃文克人中比例也很高，哈薩克東部人和卡爾梅克人中有較高比例，朝鮮人也有一定比例。埃文人和鄂溫克族有原始的 STR 類型，而中亞的卡爾梅克人等是下游類型，說明 C 型從東北亞向西遷往中亞。〔註 12〕這是因為歷史上有鮮卑人、蒙古人兩次從大興安嶺地區向西擴張的浪潮，蒙古出自蒙兀室韋，室韋即鮮卑，原是一族。

〔註 12〕韋蘭海、覃振東:《分子人類學與歐亞北部人群的起源》，姚大力、劉迎勝主編《清華元史》第一輯，商務印書館，2011 年，第 389～399 頁。

漢水流域有濮人，《尚書‧牧誓》說周武王伐商時率領有庸、蜀、羌、髳、微、盧、彭、濮人，《史記‧楚世家》說：「叔堪亡，避難於濮。」《左傳》文公十六年說：「庸人帥群蠻以叛楚。麇人率百濮聚於選，將伐楚。」說明蠻、濮不是一族，蠻是苗瑤民族。

西南有濮，《逸周書‧王會》所附戰國人偽託伊尹的《四方獻令》南方：「正南甌鄧、桂國、損子、產里、百濮、九菌。」桂國在廣西，損子是殺死長子的風俗，產里是傣語大城車里，則此處百濮在雲南。

唐代樊綽《蠻書》卷四《名類》：

> 撲子蠻，勇悍矯捷。以青婆羅緞為通身袴。善用白箕竹，深林間射飛鼠，發無不中。部落首領謂酋為上。無食器，以芭蕉葉藉之。開南、銀生、永昌、尋傳四處皆有，鐵橋西北邊延瀾滄江亦有部落。

> 望苴子蠻，在瀾滄江以西，是盛羅皮所討定也。矯捷，善於馬上用槍鑱。騎馬不用鞍，跣足，衣短甲，才蔽胸腹而已。股膝皆露，兜鍪上插犛牛尾，馳突若飛，其婦人亦如此。南詔及諸城鎮大將出兵，則望苴子為前驅。

撲子、望苴是不同民族，撲子即濮，開南、銀生、永昌、尋傳、劍川等處皆有，說明分布廣泛，正是因為濮人原來是東方土著。

望苴的上古音是 mang-tsa，顯然是門達（Munda）的異譯，也即南亞語系民族，分布在瀾滄江以西，正是今天布朗族、佤族、德昂族分布地。

重慶、貴州也有很多濮人，《逸周書‧王會》：「卜人以丹沙。」丹砂主要來自重慶、貴州。

四川南部也有濮人，僰道在今宜賓，《華陽國志》卷四《蜀志》越嶲郡：「會無縣路通寧州，渡瀘得堂狼縣。故濮人邑也。今有濮人冢，冢不閉戶，其穴多有碧珠，人不可取，取之不祥。」會無縣在今四川會理縣。板楯蠻七姓之中的第二大姓樸，源自濮人。

雲南的南部也有濮人，《華陽國志》卷四《南中志》說永昌郡：「有閩濮、鳩獠、儵越、躶濮、身毒之民。」永昌郡在雲南最西南。

今雲南南部的紅河，古名僕水，可能源自濮人。雲南東南部也有濮人，《華陽國志‧南中志》興古郡：「句町縣，故句町王國名也。其置自濮王，姓毋，漢時受封迄今。」句町在今滇東南，建水原是阿僰部。

納西族來麗江之前的居民是僕繅蠻，《元史》卷六一：「通安州，治在麗江

之東，雪山之下。昔名三賧。僰繃蠻所居，其後麼些蠻葉古乍奪而有之，世隸大理。憲宗三年，其二十三世孫麥良內附。」僰繃蠻即濮人，現在中甸納西族的 Y 染色體 C 型多達 14.8%，就是源自濮人。

濮人在中原也有分布，河南有濮陽，他們被華夏征服。濮與漢字的僕同源，因為濮人多為奴僕，《史記・西南夷列傳》說：「巴蜀民或竊出商賈，取其筰馬、僰僮、髦牛，以此巴蜀殷富。」因為濮人是越人，體型較小，所以不敵北方人，多被掠為奴僕。

在漢水流域和淮河流域分水嶺方城隘口外，上古有柏國，在今河南舞陽。《莊子・胠篋》說上古有伯皇氏，《漢書・古今人表》是柏皇氏，很可能指中原的原住民濮人。

山西境內有貊人，《詩經・大雅・韓奕》：「王錫韓侯，其追其貊，奄受北國，因以其伯。」韓國最初在今陝西韓城，移到山西。

濮人融入諸多族群，所以今人往往混淆。今湖南吉首土家族有 24.5%的 C 型，西雙版納白族有 20%的 C 型。關於僰人是越族，羅香林《古代百越分布考》舉兩證，一是曹學佺《蜀中廣記》卷十一《名勝記上》嘉定州犍為縣引唐代陳羽《城下聞夷歌》詩云：「犍為城下牂牁路，空冢灘西賈客舟。此夜可憐江上月，夷歌銅鼓不勝愁。」卷十五敘州府南溪縣又引《輿地紀勝》說縣東十里有銅鼓灘。僰人用銅鼓，則為越人。今僰人懸棺葬最多的四川珙縣確實發現一些銅鼓，懸棺葬裏還發現越人的衣服筒裙，因此有學者斷定僰人是越族。〔註13〕但是這是僰人和越人融合形成，不能證明僰人是越人。

濮人很早就發展了織木棉布的技術，所以有木棉濮，《太平御覽》卷七九一引郭義恭《廣志》：「木綿濮，土有木綿樹，多葉。又房甚繁，房中棉，如蠶所作，其大如卷。」雖然濮人也被晚到的族群排擠到了山地和東北，但是他們的功勞也不應該忘記。

四、魚鳧是南亞語系民族

魚鳧氏是三星堆文化的創建者，三星堆雖然出土了蠶叢形象的青銅面具，但是不能說三星堆統治者就是蠶叢氏。因為古人往往祭祀他們滅亡的人群，比如臺灣賽夏族祭祀他們滅亡的小黑人，日本最早的史書《古事記》記載來到日

〔註13〕黃華良、李詩文：《懸崖上的民族：僰人及懸棺》，巴蜀書社，2006 年，第 20～28 頁。

本列島的天孫，也即大陸移民，為讓出主權的土著大國主神（原住民阿依努人）建造廟宇，現在美國人也創造出感恩節，紀念曾經幫助他們祖先存活下來的美洲土著印第安人。

金面具短髮人像、金面具髮簪人像、辮髮人像

三星堆青銅人像，顯然有兩種髮型，祭祀階層是用髮簪插在短髮上，現在銅器上留下的兩個洞就是髮簪留下的洞，青銅大立人和金面具人像都是如此。而世俗階層是辮髮，辮髮是歷代羌族的特徵。短髮是熱帶民族的風俗，說明其祭司階層來自南方的熱帶民族。

三星堆出土一根金權杖，上面的主體重複花紋是一根箭經過一隻鳥，刺穿一條魚，這只鳥不像鳧（野鴨），另有重複出現的人頭像，散髮，兩耳垂有很長的耳飾。金沙出土的金冠，上面的花紋極其類似三星堆的金權杖，鳥尾稍長。金沙文化的總體面貌類似三星堆文化，顯示是同一族群創造。金權杖和金冠上的鳥都類似杜鵑，證明魚鳧的鳧很可能不是指鳧，是漢族很晚記錄蜀人傳說用了近似的讀音。魚鳧很可能是魚婦，《山海經·大荒西經》的末尾說西南方：「有魚偏枯，名曰魚婦，顓頊死即復蘇。風道北來，天乃大水泉，蛇乃化為魚，是為魚婦。顓頊死即復蘇。」

今重慶奉節在漢代叫魚復縣，現在還有魚腹浦。魚婦、魚鳧、魚復、魚腹都是漢語的音譯，其實和婦女、鳧（野鴨）、復蘇、腹部沒有任何關係。

魚復的原義可能是魚泉，因為壯語的泉水是布，傣語是蚌，漢語的噴、濱

是同源字，意大利語的泉水 fonte 也是同源字。復蘇是中原人對魚復的望文生義，魚泉湧出的魚本來就是活魚。四川著名學者任乃強，說他在四川寶興縣魚泉，親眼看到湧出的魚，因長期缺氧，很久才復蘇。他還說梁平、開縣都有魚泉，湘、黔之間尤其多。〔註14〕其實這是他的誤解，魚脫離水，本來就不活躍，所以出現僵化和復蘇的假象。

魚從泉水中流出，源自西南岩溶地貌的一種奇特現象。西南很多地下河在雨後會從泉口流出，湧出很多魚，稱為魚泉、魚洞。〔註15〕

神農架的魚泉，每年第一場春雨之後，會湧出很多魚。《華陽國志》說漢中郡沔陽縣（在今陝西勉縣）：「有魚穴，清水出鱣，濁水出鮒，常以二月、八月取。」二月是春雨多發時，八月是夏雨多發時，所以會湧出魚。這個魚穴應該是今略陽縣東部的魚洞子，靠近勉縣。

峨眉山的語源應是魚門山，《太平寰宇記》卷七四眉州峨眉縣：

> 峨眉山，按《益州記》云：「峨眉山，在南安縣界。兩山相對，狀似峨眉。張華《博物志》以為牙門山。東峰有石穴，深數里，出鍾乳。常有人持火入穴，有蝙蝠大如箕，來撲火。穴中有水流，冬夏不歇。此山之外，又有小峨眉山。」

眉州羅目縣：

> 夷惜水，在縣東北五十里。源出巂州界，中有嘉魚，長三尺，每年二月人隨水而下，八月逆水而上，入穴。《蜀都賦》云，嘉魚出於丙穴，蓋此也。

峨眉山，又作牙門山，魚的上古音是 nga，讀音同牙，所以應該是魚門山。因為有溶洞，其南的夷惜水就有入穴的魚。《詩經・小雅》有《南有嘉魚》，西南正是在陝西的南方，嘉魚是四川的魚。嘉魚的名字應該是來自南亞語系族群，魚的德昂語是 ga，布朗語、佤語是 ka，音譯為嘉 ga。〔註16〕

〔註14〕任乃強：《華陽國志校補圖注》，第81頁。

〔註15〕重慶雲陽、南川、開州、武隆、秀山、黔江、石柱、酉陽、貴州遵義、綏陽、石阡、鳳岡、湄潭、松桃、沿河、德江、正安、務川、道真、湖北利川、鄖縣、五峰、竹溪、四川綿陽、大邑、滎經、廣西南丹、湖南桑植等地，都有魚泉地名。重慶秀山、巴南、湖北竹溪、湖南鳳凰、古丈、瀘溪、陝西商洛、商南、山陽、鎮安、鎮坪、四川自貢、雲南華坪、昭通、威信、鎮雄、會澤、馬關、貴州貴陽、丹寨、紫雲、凱里、貴定、畢節、印江、廣西柳州、隆林，有很多魚洞地名。

〔註16〕顏其香、周植志：《中國的孟高棉語族語言與南亞語系》，第92頁。

魚婦誤為五婦，《水經注》卷三二《梓潼水》：

> 縣有五女，蜀王遣五丁迎之，至此，見大蛇入山穴，五丁引之，
> 山崩，壓五丁及五女，因氏山為五婦山，又曰五婦候，馳水所出。

五、魚的上古音都是 nga，侯的上古音 ko 接近岡，佤語的山是 gong，讀音接近。《太平寰宇記》卷八四劍州梓潼縣：「五婦山，在縣北一十二里。」《山海經》說北風吹來，地下湧出大水，蛇變成了魚，其實是指南北的冷暖氣流形成鋒面雨，古人不能解釋魚從地下湧出的原因，認為是蛇變成魚。青神縣有魚蛇水，有魚似蛇，宋代有魚蛇鎮。〔註17〕

我已經論證，布依、武夷、伏羲是同源字，源自魚崇拜。壯語的魚是 bya，苗的讀音很可能也源自魚 mya。日語的宮讀作 mya，其實就是廟，漢語的廟和苗同音，證明苗族、漢族等很多民族原來都崇拜魚。漢族的祖先從西南北遷，仰韶文化陶器上最多的動物就是魚。〔註18〕

彭山縣有魚鳧津，《太平寰宇記》卷七四眉州彭山縣：

> 彭女山，在縣東北十里。《華陽國志》云：「彭祖家及祠在此，
> 後漢將岑彭死於此。」又名彭亡山，亦名平模山。魚鳧津，在縣北
> 二里，一名彭女津，在彭亡山南，居導江、皂江等水會之處。按《南
> 北八郡志》云：「犍為有魚鳧津數百步。」

彭亡山之名很早就有，《後漢書》卷十七《岑彭傳》：「彭所營地名彭亡，聞而惡之，欲徙，會日暮，蜀刺客詐為亡奴降，夜刺殺彭。」

彭女是彭母之誤，女、母的古代字形接近，母比女多兩點表示乳房。上古音母 ma、模 mak、亡 mang 音近，彭亡 bang-mang 即逢蒙 bong-mong、蜂門 bong-mən、伯明 bak-mang、飛衛 pəi-muat，讀音接近：

1. 逢蒙：《孟子·離婁下》：「逢蒙學射於羿，盡羿之道，思天下惟羿為愈己，於是殺羿。」

2. 蜂門：《荀子·王霸》：「羿、蜂門者，善服射者也。」《呂氏春秋》卷十三《聽言》：「蜂門始習於甘蠅。」

3. 伯明：《左傳》襄公四年：「寒浞，伯明氏之讒子弟也，伯明後寒棄之，夷羿收之，信而使之，以為己相。浞行媚於內，而施賂於外，愚弄其民，而虞

〔註17〕《太平寰宇記》卷七四眉州青神縣：「魚蛇水在縣東北十二里，從陵州貴平縣木梓縣流入當縣，合導江水，有魚似蛇。」

〔註18〕周運中：《百越新史》，花木蘭文化事業有限公司，2020年，第19～47頁。

羿於田。樹之詐慝，以取其國家。」

4. 飛衛：《列子‧湯問》：「甘蠅，古之善射者，彀弓而獸伏鳥下。弟子名飛衛，學射於甘蠅，而巧過其師。紀昌者，又學射於飛衛。」

伯明殺死后羿，就是逢蒙殺羿。《太平寰宇記》卷八五陵州始建縣：「彭冒山，在縣東九十二里。彭冒，獠之姓也。」彭冒山在籍縣（今雙流區籍田鎮）東北，彭冒是獠人的部落名，我認為，彭冒 bang-bei 即逢蒙，甘蠅、逢蒙、紀昌都是南亞語系民族，因為：

1. 甘蠅的上古音是 kam-mang，中國境內使用南亞語系的民族有佤族、德昂族、布朗族與京族，前三族在雲南省西南部。Y 染色體 O2 型的族群是南亞語系和苗瑤語族群，南亞語系族群的柬埔寨（高棉）人 Cambodia 即吉蔑 khmer，苗族自稱 Hmong，雲南、老撾、越南、泰國的克木人讀音接近。甘蠅讀音接近葭萌、開明、昆明、克木，葭萌縣在今廣元南部，其西是劍門，因為在劍山，劍 kam 也是源自族名。劍閣縣東部的蒼溪縣有歧坪鎮，原是葭萌縣地，〔註 19〕歧坪即葭萌，讀音接近。中江縣有可蒙山，蒲江縣有可慕山，〔註 20〕可蒙 kal-mong、可慕 kal-mok 也是同源字。犍為 kan-nguai，讀音接近。

2. 逢蒙 bong-mong 的 bong 是布朗族、佤族、德昂族的族名，傣族稱德昂族為 polong，意思是水上的人，音譯為崩龍族，1985 年正式改名為德昂族，現在英文族名是 palaung。西雙版納布朗族自稱 plang，滄源、耿馬、雙江、瀾滄等縣的佤族自稱 parauk，讀音接近。

雙江、瀾滄縣的布朗族自稱阿佤 a va，墨江縣的布朗族自稱佤 va，鎮康、永德縣的佤族自稱 va。可見布朗族、德昂族、佤族是同一族的分化，在 4000 年前很可能還是同族。

西雙版納傣族稱布朗族為 mon，今泰國、緬甸的孟族 Mon、越南的茫族 Muong 和莽族 Mang、莫儂族 Mnong 都是南亞語系民族，唐代樊綽《蠻書》卷四：

> 茫蠻部落並是開南雜種也。茫是其君之號，蠻呼茫詔。從永昌城南，先過唐封，以至鳳藍苴，以次茫天連，以次茫吐薅。又有大賧、茫昌、茫盛、恐茫、𨱏茫、施茫，皆其類也。樓居，無城郭，或

〔註 19〕《太平寰宇記》卷八六閬州歧坪縣：「本漢葭萌縣地，屬葭萌。」
〔註 20〕《太平寰宇記》卷七五邛州蒲江縣有小可慕山，卷八二梓州銅山縣：「可蒙山，在縣西北三十里。高一里，出銅。」銅山縣城在今中江縣東南通山鄉。

漆齒，皆衣青布袴，藤篾纏腰，紅繒布纏髻，出其餘垂後為飾。婦
人披五色娑羅籠。孔雀巢人家樹上，象大如水牛。土俗養象以耕田，
仍燒其糞。

茫蠻是南亞語系民族，因為其特有的藤蔑纏腰習俗，現在德昂族婦女仍
有。茫蠻的地域在永昌（今保山）西南，鳳藍茸的讀音接近施甸縣的木老元布
朗族自治鄉，木老元可能源自布朗族。吐薅 da-hao 的讀音接近德宏，有人解
釋德宏為傣語的怒江下游，我認為德宏可能源自德昂。

3. 紀昌上古音 gə-thiang 接近貴州古代族群仡兜的名字，也是源自南亞語
系民族，上古在今滇東南有句町，蜀王手下有神箭手皋通，〔註21〕漢代在今越
南設九真郡，牂牁、不庾（布依）之間有瓜長，〔註22〕句町 ko-tyeng、九真 kiu-
tyen、瓜長 koa-tiang 都是仡兜。

皋通（紀昌）的神箭，也即仡佬族支系烏滸的弓，仡佬族中的 a-ɣu 人即
烏武獠、烏滸人，拉基人自稱 a-hu，布央人自稱 pa-ha，讀音都很接近。《淮南
子·俶真》：「烏號之弓，溪子之弩，不能弦而射。」《南州異物志》曰：「交、
廣之界，民曰烏滸，東界在廣州之南、交州之北。恒出道間，伺候二州行旅，
有單迴輩者，輒出擊之，利得人食之，不貪其財貨也。地有棘竹，厚十餘寸，
破以作弓，長四尺餘，名狐弩。削竹為矢，以銅為鏃，長八寸，以射急疾，不
凡用也。地有毒藥，以傅矢金，入則撻皮，視未見瘡，顧盼之間，肌肉便皆壞
爛，須臾而死。」拉基人、普標人、白仡佬的 Y 染色體主要是 O2，說明源自
南亞語系民族。白仡佬稱紅仡佬為 plang tai，我認為這是白仡佬指紅仡佬是傣
（泰）族。

群　體	O	O1	O1a2	O2a
青仡佬	13.33	60.00		16.67
紅仡佬	22.58	22.58		16.13
白仡佬	35.71	14.29		42.86
村	9.68	38.71		38.71
羿	23.08			15.38
拉基	16.67	6.67		10.00

〔註21〕《太平寰宇記》卷一百七十交州交趾縣安陽王故城引《南越志》。
〔註22〕《管子·小匡》：「南至吳、越、巴、牂牁、瓜長、不庾、雕題、黑齒、荊夷之
　　　　國。」

普標	32.00	4.00		60.00
木佬	13.33	3.33	3.33	63.33
布央	9.38	3.13		71.88
夜郎				62.50

毒箭來自南亞語系民族，樊綽《蠻書》卷四：

> 望蠻外喻部落，在永昌西北。其人長排持稍，前往無敵，又能
> 用木弓短箭，箭鏃傅毒藥，所中人立斃。婦人亦跣足，以青布為衫
> 裳，聯貫珂貝、巴齒、真珠，斜絡其身數十道。有夫者豎分兩髻，
> 無夫者頂為一髻。其地宜沙牛，亦大於諸處，牛角長四尺已來。婦
> 人惟嗜乳酪，肥白，俗好遨遊。

望蠻即南亞語系民族茫蠻，現在西盟、孟連縣的佤族被漢族稱為大卡瓦、
生卡、野卡，自稱ʔa vyʔ，〔註23〕讀音接近外喻，今天吳語、客家話的外讀 nga，
所以外喻部落是佤族。外喻部落喜歡喝牛奶，東方多數人的體內缺乏消化牛奶
的乳糖酶，出現乳糖不耐症，這個部落很可能有印度血統。沙牛的角特別長，
顯然是印度的長角牛。〔註24〕佤族的自稱外喻，顯然就是烏滸 a-ha，也即今天
融入仡佬族的 a-ɣu 支系的由來，后羿 ko-jia 的讀音接近。

祥雲縣紅土坡出土的戰國秦漢時代青銅長角牛

〔註23〕顏其香、周植志：《中國孟高棉語族語言與南亞語系》，第166頁。
〔註24〕佤族在永昌的西南，前人把外喻標在今天的佤族，認為永昌西北是西南之誤。
　　　見譚其驤主編《中國歷史地圖集》第五冊，第81頁。

祥雲出土青銅瘤牛、今天海南島的瘤牛

烏滸融入仡佬的歷史，《山海經》竟然有明確記載，《海外南經》：

羿與鑿齒戰於壽華之野，羿射殺之。在崑崙虛東。羿持弓矢，
鑿齒持盾。一曰戈。

后羿殺鑿齒，鑿齒就是仡佬族，清代還被稱為打牙仡佬。壽通禱，即桃花
人、棠魔蠻，在今滇東南。〔註25〕此條之下第三條是長臂國，在海中捕魚，在
今越南北部沿海，可作印證。

今四川敘永、古藺和貴州畢節的羿人，自稱 gao，即仡佬，漢人稱為羿
子，洪武十六年六月己亥，朱元璋給傅友德的詔書：「回時必經羿子九寨，及戎縣
之地五村、大壩上下等鄉，落卜地等處，黃平、羅木、洞蠻、靄翠所屬阿呂、
雨宗、碎瓦、莫得、阿胡、阿遣等蠻，嘗助烏撒，殺害官軍者。」戎縣是元代
的戎州（今興文縣），大壩鎮在今興文縣南部，落卜地是宋代的輪縛，在今興
文縣南部，彝族有羅目部。雷波縣彝族、漢族傳說羿子在一百多年前被彝族掠
奪為奴，現在雷波縣卡哈洛鄉有羿子村，回龍場鄉有羿子壩村，都靠近金沙江，
峨邊縣和美姑縣交界處有羿子埡口。

彭山縣的魚鳧津在彭亡山下，附近還有鹽井溝，可蒙山有銅，顯示這族北
遷時都攻克重要資源產地。

南亞語系族群經過宜賓、樂山、青神、彭山北遷到成都，留下了大量地名
為證明。四川有兩條蒙水，都是源自蒙族 Mong，今天井研、樂山的茫溪河古

〔註25〕《蠻書》卷四：「棠魔蠻，去安南管內林西原十二日程。溪洞而居，俗養牛馬。
比年與漢博易，自大中八年經略使苛暴，令人將鹽往林西原博牛馬，每一頭匹
只許鹽一斗，因此隔絕，不將牛馬來。桃花人，本屬安南林西原七綰洞主大首
領李由獨管轄，亦為境上戍卒。」林西原在今越南的西北部，棠魔即宋代賣馬
的特磨道，在今滇東南。

名擁思茫水，[註26]擁是佤語的存在 yaong，思是侗臺語的村寨，所以擁思茫即茫村。這條河的上游是井研縣，有井鹽。

思蒙水流經今丹棱縣、眉山市、青神縣，[註27]在思蒙水流域的眉山廣濟鄉也有鹽井。我認為丹棱源自南亞語系民族得楞 Talaing，也即孟人，證明思蒙水的名字確實源自孟人。資中縣西部有大濛溪，[註28]今在魚溪鎮。

彭蒙氏在西南留下很多地名，有彭州、彭山、彭水等縣，漢代巴郡閬中縣有彭道將池、彭道魚池，證明此族擅長射箭和捕魚，印證魚鳧、魚婦（魚泉）和三星堆、金沙的神箭射魚圖。彭州有濛陽鎮，濛水流到三星堆的南部，古名彌濛水，我認為彌源自德昂語、布朗語的水是 um，彌濛即蒙族之水。廣漢縣古名雒縣，源自雒水，雒 lak 可能源自德昂語的深 luk。

岷江的支流越溪河，流經榮縣、宜賓，古名大牢溪，我認為源自大獠溪，今榮縣南部的越溪河東岸還有蠻洞子村。

逢蒙北遷，路過涼山，現在涼山以彝族為主，但是上古的涼山則是越人為主。馬長壽說，彝族的祖先古侯遷居涼山的年代，根據彝族的族譜，多則七八十代，少則五十多代，以一代 25 年計算，約在西漢末年遷來。[註29]我認為《元史》卷六一羅羅蒙慶等處宣慰司都元帥府閬州：「昔仲由蒙之裔孫名科居此，因以名為部號，後訛為閬。至三十七世孫襲羅內附。至元九年，設千戶。二十六年，改為州。」仲由蒙是仲蒙由之誤，即彝族傳說中的祖先仲牟由。閬州在今寧南縣，閬即北遷涼山的彝族祖先古侯，則古侯北遷的時間在至元九年（1272 年）之前的三十七代，按照一代 30 年計算是 1110 年，則古侯在 162 年才北遷到涼山。從元代到現代是 700 多年，中間有 20 多代，符合現代彝族的遷入涼山五十多代的時間。即使按 80 代算，則遷入涼山在公元前 400 多年，也比望帝的時間晚。據涼山彝族的《招魂經》和《指路經》，古侯部落從雲南永善縣渡過金沙江，進入馬湖縣和美姑縣。這也證明彝族遷入的時間較晚，而且最初不是進入昭覺縣、普格縣及安寧河谷，上古四川的南部以越人為主。

甘洛縣北部，靠近大渡河，有山叫曲曲鳥，地方志：「曲曲鳥，僚也。」馬長壽認為此地原來是獠人，[註30]我認為甘洛、曲鳥都是仡佬，今昭覺縣東

〔註26〕《太平寰宇記》卷八五陵州井研縣：「擁思茫水，在州南一百五十里。」

〔註27〕《太平寰宇記》卷七四眉州丹棱縣、青神縣記載思蒙水，今天眉山有思濛鎮。

〔註28〕《太平寰宇記》卷七六資州磐石縣：「大濛溪，在縣西二十里。」

〔註29〕馬長壽：《馬長壽民族史研究著作選》，第 17 頁。

〔註30〕馬長壽：《馬長壽民族史研究著作選》，上海人民出版社，2009 年，第 18 頁。

部也有呷呷洛。涼山的奴隸也即白彝叫曲鳥，很可能也是源自仡佬，這就證明確實是越人。杜宇是諾蠻，今普格縣黑水河邊有洛烏鄉，崩巴部諾蠻可能在黑水河流域。普格縣正是在昭覺縣南二百里，位置符合。

北宋樂史《太平寰宇記》卷八十嶲州引西晉樂資《九州要記》：「嶲之西夷人，身青兒有文，如龍鱗，生於臂脛之間。將婚，會於路，歌謠相惑，合以為夫婦焉。又有穿鼻儋耳種。瘴氣有聲，著人。人死，著木，木折，號曰鬼巢。」從紋身的風俗來看，西晉越嶲郡的風俗還很接近熱帶越人。

漢代在今大姚縣設青蛉縣，讀音接近車里，證明大姚、元謀等地原來都是越人居住。

彭亡 bang-mang 即豐琶（風琶）phuəm-pa，《蠻書》卷四：

> 粟粟兩姓蠻、雷蠻、夢蠻，皆在茫部臺登城東西散居，皆烏蠻、白蠻之種族。丈夫婦人以黑繒為衣，其長曳地。又東有白蠻，丈夫婦人以白繒為衣，下不過膝。夢蠻主苴夢沖，開元末，嘗受恩賜於國，而暮年又私於吐蕃。貞元七年，西川節度使韋皋遣嶲州刺史蘇隗就殺夢沖，因別立鬼主，以總其部落，共推為蠻長。貞元中，船持為都大鬼主，其時夢沖及驃傍皆卑事之，亦呼為東蠻。豐巴蠻，本出嶲州百姓，兩林南二百里而居焉。豐巴部落，貞元中，大鬼主驃傍、阿諾兩姓乃諾蠻部落，皆為豐巴部落。

臺登在今越西縣，我懷疑是漢代人誤寫，應該寫成合登，合和臺字形接近而誤，因為唐代人把合登音譯為勿鄧，《新唐書》卷二二二下《南蠻傳下》：

> 勿鄧地方千里，有邛部六姓，一姓白蠻也，五姓烏蠻也。又有初裹五姓，皆烏蠻也，居邛部、臺登之間。婦人衣黑繒，其長曳地。又有東欽蠻二姓，皆白蠻也，居北谷。婦人衣白繒，長不過膝。又有〔栗〕粟蠻二姓、雷蠻三姓、夢蠻三姓，散處黎、嶲、戎數州之鄙，皆隸勿鄧。勿鄧南七十里，有兩林部落，有十低三姓、阿屯三姓、虧望三姓隸焉。其南有豐琶部落，〔驃傍〕、阿諾二姓隸焉。兩林地雖狹，而諸部推為長，號都大鬼主。勿鄧、豐琶、兩林皆謂之東蠻……（韋）皋遣嶲州總管蘇崟，以兵三百，召（苴）夢沖至琵琶川，聲其罪而斬之。

臺登在今越西縣，我懷疑是漢代人誤寫，應該寫成合登，合和臺字形接近而誤，因為唐代人把合登音譯為勿鄧，應以唐代人的翻譯為準，漢代時間太久，

《漢書·地理志》錯誤很多。勿鄧、合登都源自越的上古音 uat，臺登縣城在今喜德縣北部，在成都到西昌的大路上。兩林在其南七十里，則在今昭覺縣。因為在山南，所以宋代人稱為山後，在黎州（今漢源）之南七日，臺登縣之南一日。〔註31〕我認為，布拖縣特木里鎮光明村有阿都土司衙門，即兩林部的阿屯三姓。〔註32〕昭覺縣西北的庫莫鄉，源自兩林部的虧望。昭覺縣東北部的色底鄉，源自兩林部的十低。這三個地方恰好在昭覺縣城的三個方向，圍繞昭覺縣城。

邛部六姓，一姓白蠻，五姓烏蠻。初里五姓也是烏蠻，在邛部、臺登間。婦人黑繒曳地。東欽蠻二姓是白蠻，婦人白繒不過膝。又有栗粟蠻二姓、雷蠻三姓、夢蠻三姓，散處黎、嶲、戎數州之鄙。又有兩林部落、豐琶部落，傈僳以下不是烏蠻和白蠻。東欽蠻不是東蠻，嶲州東部的兩林、豐琶東蠻。今雲南東川原有閟畔部，閟畔、崩巴的讀音和地域鄰近。兩林即杜宇妻子梁利的部落，而杜宇的金沙文化和三星堆文化來自同一族群，所以涼山非常重要。

五、杜宇來自涼山

傳說杜宇確實是從天而降，《太平御覽》卷八八八引《蜀王本紀》說：「後有一男子名曰杜宇，從天墮止。朱提有一女子名利，從江源地井中出，為杜宇妻。」所謂從井中出，其實是指西南地區最重要的鹽井。杜宇似乎是從南方來到巴蜀，他征服鹽井的傳說和巴人廩君征服鹽水女神故事很像。

杜宇的上古音 da-hiua 非常接近德昂 daʔang，杜主是杜王的形誤，杜王的上古音 da-hiuang 更接近德昂。杜宇號稱望帝，德昂族是南亞語系民族，分子人類學發現南亞語系民族源自印度的門達人 Munda，也即《蠻書》卷四的望苴 Mang-tsa，我已經指出，也即《漢武帝別國洞冥記》的末多 mok-ta，〔註33〕望

〔註31〕《宋史》卷四九六：「山後兩林蠻，後唐天成間始來貢。開寶二年六月壬子，勿兒遣部落將軍離魚以狀白黎州，期十月內入貢，成都府以聞，詔嘉答之。至是來朝，賜以器幣。由黎州南行七日而至其地，又一程，至嶲州。嶲州今廢，空城中但有浮圖一。又二程，至建昌城。又十七程，至雲南。」林木利利土司衙門在昭覺縣大壩鄉科且村，林木利利即兩林。兩林在黎州之南七日，則不在譚其驤主編《中國歷史地圖集》第六冊的今甘洛縣、喜德縣，而應更南。兩林靠近嶲州，嶲州即建昌，此處的嶲州可能是臺登縣之誤，唐代在臺登縣置登州，所以被誤解。兩林到臺登縣僅一日程，在今昭覺縣。

〔註32〕《元史》卷六一《地理志四》羅羅蒙慶等處宣慰司都元帥府里州：「蒙詔時落蘭部小酋阿都之裔居此，因名阿都部。」

〔註33〕周運中：《漢武別國考》，《暨南史學》第 13 輯，2017 年。收入周運中：《道士開闢海上絲綢之路》，第 71～86 頁。

帝的上古音 mang-dei 非常接近門達、望苴、末多。

上文所引古籍認為彭亡即彭祖，彭祖 bang-tsa 的讀音也非常接近。所以魚鳧成仙，彭祖長壽，四川彭山、都江堰、資陽等地恰好是長壽之鄉，都江堰靠近彭州。杜王的帝王、望帝的帝，都是音譯用字，上古的中原君主也不稱帝，戰國的才稱帝，秦始皇才發明皇帝。

南亞語系族群包括布朗族、佤族、德昂族及越南、柬埔寨的主體民族，還有泰國、緬甸的孟人，以及印度的門達人 Munda、卡西人 Khasic，分子人類學檢測發現南亞語系族群的源頭是門達人。

今雲南鎮雄縣古代有茫部，元代設茫部路，在今芒部鎮，土司是彝族的隴氏。但是在彝族來之前，本地是濮人和 tse-le 族，我認為 tse-le 即百越（侗臺）語的車里、青岭、產里、且蘭。

西昌也有茫部（夢蠻），夢蠻的首領是苴夢沖，苴是王號，苴上古音是 tzia 接近南詔的詔，《新唐書》卷二二二上：「夷語王為詔。」可能來自印歐語，梵語的神是 deva，宙斯 Zeus 是同源字，意大利語的神是 dio，蘇格蘭語是 dia，非常接近傣語的召（首領）、刀（先生）。

杜宇之妻梁利就是兩林部落，梁利和兩林讀音很近，今雲南梁河縣、盈江縣、芒市的德昂族自稱為梁 liang，就是梁利部的由來。芒市所在的德宏州源自德昂，梁河縣源自梁。

兩林部落的中心在今昭覺縣，杜宇的茫部在附近。附近的雷蠻，在今雷波縣，雷的讀音接近百越之中的黎、俚，源自越語的山。其東就是漢代的朱提郡北部，而且在今鹽津縣恰好有鹽井，其南的昭通有銀井，資源豐富。所以古人記載梁利來自朱提郡的井中，其實是指控制資源的部落。

涼山東南的雲南省巧家縣境內，漢代設立堂琅縣，我認為堂琅縣就是源自漢武帝消滅的頭蘭國，頭蘭和堂琅的讀音接近，《史記・西南夷列傳》說：「漢乃發巴蜀罪人嘗擊南越者八校尉，擊破之。會越已破，漢八校尉不下，即引兵還，行誅頭蘭。頭蘭，常隔滇道者也。已平頭蘭，遂平南夷為牂柯郡。」頭蘭隔絕通往滇國的道路，就在滇西北。堂琅縣物產豐富，《華陽國志》卷四《南中志》朱提郡：「堂螂縣，因山名也。出銀、鉛、白銅、雜藥，有堂螂附子。」現在巧家縣北部還有藥山，東部有鉛廠，東北部緊鄰魯甸縣著名的樂馬廠銀礦。堂琅的名字很可能源自孟人，緬甸稱孟人為得楞 dalaing，音譯為堂琅，這也就證明杜宇和南亞語系族群的聯繫。

　　東漢許慎《說文》：「周燕也。從隹，中象其冠也。肉聲。一曰蜀王望帝，淫其相妻，慚亡去，為子雟鳥。故蜀人聞子雟鳴，皆起云：望帝。」杜宇之相即鱉靈，其妻很可能就是梁利，下文論證鱉靈來自四川南部。上古音的周 tjiu、子 tziə 音近，傈僳語的杜鵑是 tsuu ka le，接近子鵑、子雟、子規，源自杜鵑鳥的叫聲。

　　杜宇變成杜鵑鳥，杜鵑鳥的叫聲類似布穀，又叫布穀鳥，普格縣的名字正是源自布穀，普格縣城在普基鎮，還有普古村，普格、普基、普古的讀音接近，證明杜宇部落在今普格縣。

　　二月杜宇鳥鳴，布穀的意思是播撒種子，所以農民祭祀杜宇，其實這是因為杜宇的越人部落帶來農業。昭覺縣有涼山罕見的高山水稻田，古代就培育出特有的耐寒水稻品種。

　　越西縣東南是西溪河源頭，經過昭覺縣東部和布拖縣、金陽縣之間，流入長江，這條河可能就是浪川，源自梁（浪）蠻，《新唐書》卷二二二下：「戎州管內有馴、騁、浪三州大鬼主董嘉慶，累世內附，以忠謹稱，封歸義郡王。貞元中，狼蠻亦請內附，補首領浪沙為刺史，然卒不出，劍南西川節度使韋皋檄嘉慶兼押狼蠻。」卷四三下《地理志七》戎州都督府的羈縻州：「浪川州，貞元十三年，節度使韋皋表置。縣五：郎浪、郎違、何度、郎仁、因閣。」狼蠻就是浪川之蠻，也即兩林（梁利）部。嶲州都督府有思亮州、杜州，思亮是典型的越語地名，亮是浪川，思是村寨，思亮是浪川的村寨。杜州的杜，就是杜宇的杜。《宋史》卷四九六：「風琶蠻，咸平初，其王曩莎遣使烏柏等貢馬五十七匹，素地紅花娑羅毯二，來賀即位。」豐巴首領的名字曩莎就是狼蠻首領的名字浪沙，說明豐巴和狼蠻的文化接近。現在滇西南常見地名有曩字，源自傣語的河流，縣還有曩氏，所以曩沙很可能源自熱帶民族。

　　娑羅毯是木綿毯，《太平廣記》卷四六〇引《黎州通望縣圖經》記載黎州通望縣（今甘洛縣）有娑羅棉樹，《蠻書》卷七：「自銀生城、柘南城、尋傳、祁鮮已西，蕃蠻種並不養蠶，唯收娑羅樹子破其殼，中白如柳絮，組織為方幅，裁之籠頭，男子婦女通服之。驃國、彌臣、諾悉諾，皆披羅緞。」卷四撲子蠻：「以青娑羅緞為通身袴。」開南的茫蠻部落：「婦人披五色娑羅籠。」向達指出，馬來西亞和印度尼西亞的婦女身穿紗籠 sārung，源自梵語 sāranga。木棉衣服在滇西南流行，而今天的彝語、哈尼語、拉祜語、傈僳語的綿花稱為娑羅，顯然是用滇西南的服飾轉指棉花，而不可能是源自本地語言。今天滇西南各族

的綿花不讀娑羅，證明棉布從滇西南傳到涼山。

　　雲南很多產品輸入涼山，《宋會要輯稿》蕃夷五，記載真宗景德三年（1006年），囊蓥進貢的象牙、犀角、黑犛牛都是來自雲南熱帶。《爾雅·釋畜》有摩牛、犦牛，郭璞注摩牛：「出巴中，重千斤。」注犦牛：「即犦牛也。如牛而大，肉數千斤，出蜀中。《山海經》曰：岷山多犦牛。」摩 ma 即巴，犦即夔（在今秭歸），印度野牛是世界最大野牛，體重 500〜800 公斤。

　　望帝的金沙遺址出土了金蛙，證明望帝部族崇拜青蛙，布朗族傳說祖先是蛤蟆，印證了我的觀點。現在我們看到華南很多古代越人的銅鼓上都有青蛙，因為古人認為青蛙能用叫聲預報雷雨，所以看成是雷雨之神。金沙遺址還出土了石蛇和盤蛇形金箔，證明望帝部族崇拜蛇，這也是典型的越人風俗。

六、鱉靈是布朗族

　　酈道元《水經注》卷三三《江水一》說南安縣：

> 縣治青衣江會，衿帶二水矣，即蜀王開明故治也。來敏《本蜀論》曰：荊人鱉令死，其屍隨水上，荊人求之不得。鱉令至汶山下，復生，起見望帝。望帝者，杜宇也……時巫山峽而蜀水不流，帝使鱉令鑿巫峽通水，蜀得陸處。望帝自以德不若，遂以國禪，號曰開明。

《太平御覽》卷八八八引《蜀王本紀》：

> 望帝積百餘歲，荊有一人，名鱉靈，其屍亡去，荊人求之不得。鱉靈屍至蜀，復生，蜀王以為相。時玉山出水，若堯之洪水，望帝不能治水，使鱉靈決玉山，民登藿處。鱉靈治水去後，望帝與其妻通。帝自以薄德，不如鱉靈，委國授鱉靈而去，如堯之禪舜。鱉靈即位，號曰開明奇帝。

　　杜宇之時，蜀地發生洪水，玉壘山崩，堵塞河流。楚人鱉令，鑿山治水，取代杜宇，稱為開明。傳位九世，被秦惠王滅國。玉壘即鬱壘，是楚人過年貼的門神。《左傳》魯昭公十二年，楚王說：「昔我先王熊繹，闢在荊山，篳路藍縷，以處草莽。跋涉山林，以事天子。唯是桃弧、棘矢，以共御王事。」楚人貢獻的弓用桃木做成，因為桃樹辟邪。東漢會稽人王充《論衡》卷十六《亂龍》：「上古之人，有神荼、鬱壘者，昆弟二人，性能執鬼，居東海度朔山上，立桃樹下，簡閱百鬼。鬼無道理，妄為人禍，荼與鬱壘縛以盧索，執以食虎。故今縣官斬桃為人，立之戶側，畫虎之形，著之門闌。」《太平御覽》卷二九引《玉燭寶典》：「元日

造桃板著戶，謂之仙木，象鬱壘山桃樹，百鬼畏之。」因為鱉令家鄉靠近楚地，崇拜能制鬼的鬱壘，所以到了四川盆地，治水的地方叫玉壘山。

秦惠王（前 316 年）時滅開明九世，上推九代到開明一世，按照古人一代三十年之說，則是魯成公五年（前 586 年），《春秋》此年說：「梁山崩」。《穀梁傳》曰：「梁山崩，壅遏河，三日不流。」晉國的梁山緊鄰黃河，梁山在地震中崩塌，形成了巨大的堰塞湖，致使黃河斷流三天。《左傳》說次年晉國：「謀去故絳……遷於新田。」古人不會隨意遷都，晉國故都絳在今翼城縣東南，靠近中條山，新都新田在今侯馬，遠離山地，很可能因為地震摧毀了晉都。說明這是一場大地震，此時四川盆地也發生了特大地震，摧毀了成都平原，使得鱉令族人從四川盆地的東南北進，取代了杜宇。玉壘山是今茂縣、什邡、綿竹之間的九頂山，高達 4989 米。這場大地震的震中很可能在山西和四川之間的甘肅、陝西，這裡都在地震帶上。

其實這次中國歷史上的特大地震，還有一條史料，《漢書·溝洫志》王莽時徵集治河的良策，大司空掾王橫言：「禹之行河水，本隨西山下東北去。《周譜》云，定王五，年河徙，則今所行非禹之所穿也。」周定王五年，黃河有一次重大改道。前人或以為此條找不到佐證，就否定這條史料。我認為不能否定，因為漢代人能看到大量上古文獻。而且魯成公五年正是周定王廿一年，古人很容易把廿一兩個字上下連寫，訛為五字。漢代人看到春秋的記載，有錯字很正常。周定王廿一年，正是因為發生了特大地震，所以黃河才改道。

我分析出的前 586 年大地震和考古學家得出的前 600 年，大體上吻合，文化轉變的根源就是這次大地震。

前人或以為鱉令是鱉縣的縣令，但是從周顯王時上推九代，楚國、巴國都不可能在春秋時在鱉縣設縣令。

鱉令又名開明，唐代戎州都督府的羈縻州有播朗州、播陵州，在今四川筠連縣、雲南彝良縣。〔註 34〕瀘州都督府的羈縻州，鞏州有播郎縣，在今珙縣。招降生獠設置的晏州有播鄰縣，在今興文縣。播朗、播陵、播郎、播鄰四個同源地名的分布非常密集，證明四川和雲南交界處有很多布朗族。

靠近鎮雄縣的芒部鎮，芒部鎮西北的鹽源鎮有鹽井坡、銀廠坡、大錫廠、

〔註 34〕郭聲波：《唐代馬湖南廣地區羈縻州研究》，徐少華主編：《荊楚歷史地理與長江中游開發——2008 年中國歷史地理國際學術研討會論文集》，湖北人民出版社，2009 年，第 283～285 頁。

溫水村，資源豐富。下游鹽津縣鹽井鎮有鹽礦，向北通往宜賓。

西漢牂牁郡鳖縣在今貴州省桐梓縣，大婁山在漢代叫不狼山，其北部是芙蓉江，芙蓉江在武隆縣注入烏江，漢代是涪陵縣。〔註35〕黔西南古代的補籠人，屬布依族，現在是安龍縣。鳖令、不狼、芙蓉、涪陵、武隆、補籠都源自布朗，說明貴州原來有很多南亞語系族群。傳說鳖靈是楚人，靠近楚地，所以很可能來自貴州北部和重慶南部，而不是來自雲南鎮雄縣的播陵。

因為布朗族從貴州北遷，所以在今榮縣、犍為縣界有野容（夜郎）山和夜郎的竹王廟，大邑縣也有竹王廟。〔註36〕

雲南彌勒縣原有布朗族，《元史》卷六一彌勒州：「昔些莫徒蠻之裔彌勒得郭甸、巴甸、部籠而居之，故名其部曰彌勒。」部籠即補籠、布朗。同卷又記載馬龍州（今馬龍縣）、沾益州（今沾益縣）、仁德府（今尋甸縣）原來是樊刺蠻之地，樊刺很可能也是布朗。彌勒、沾益、尋甸、馬龍靠近，其東就是貴州，這是布朗族向東北遷徙的通道。

羅平縣布依族 Y 染色體竟有 41.7% 是 H11 單倍型，布朗族有 50% 是 H11 單倍群，〔註37〕顯示了布朗族曾經是羅平縣的主要民族，這就證明上文的觀點，南盤江流域曾經以布朗族為主。

唐代樊綽《蠻書》卷四：「高黎共山在永昌西，下臨怒江。左右平川，謂之穹賧，湯浪、加萌所居也。」加萌即葭萌、吉蔑，說明高黎貢山確實有 O2 族群。湯浪即緬甸的得楞 Talaing，漢代犍為郡堂琅縣在今會澤縣，他郎部在今墨江縣，讀音都很接近。得楞人即孟人，也是南亞語系民族。雲南永勝縣歷史上有他魯人，讀音接近 Talaing，永勝縣在漢代遂久縣（今麗江）和定莋縣（今鹽源）之間。《元史》卷六一麻龍州（今會東縣馬龍鄉）：「麻龍者，城名也，地名棹羅能。」棹羅能 Tolonen，令人想到仡佬族中的多羅支系，古代稱為土獠，分子人類學檢測多羅方言對應的白仡佬，Y 染色體確實有最高的 O2型，南亞語系族群的 Y 染色體以 O2 型為主，說明土獠確實是融入仡佬族的南

〔註35〕周運中：《犍為郡三道三治轉移過程新考》，《秦漢歷史地理考辨》，花木蘭文化事業有限公司，2019 年，第 185～193 頁。

〔註36〕《太平寰宇記》卷七五邛州大邑縣有竹王廟。卷八五榮州旭川縣（今榮縣）有竹王廟，公井縣野容山：「從當縣界至嘉州犍為縣界，東西長三百餘里，南北七十里，唯此山大，在邑界。」

〔註37〕謝選華：《從 Y 染色體遺傳結構看藏緬語人群的起源》，復旦大學碩士論文，2004 年。

亞語系族群。仡佬族在今貴州北部，正是鱉靈的家鄉。

馬龍縣原來是僰剌（布朗）之地，麻龍州也是，《元史》卷六一又記載元江路的馬籠部在馬籠山下，元代設馬龍他郎甸司，馬龍在今新平縣，雙柏縣也有馬龍河，他郎在今墨江縣，他郎即 Talaing，更加證明馬龍（麻龍、馬籠）都是布朗的轉音。西北有無量山，原名蒙樂山，也是源自馬龍（布朗），現在雲縣還有布朗族。《元史》卷六一記載臨安路舍資千戶（今開遠），原來是阿僰蠻之地，又名部嬸踵甸，部嬸音近布朗。因為南亞語系族群和僰人融合較多，所以也被稱為僰人。開遠之西，接近新平、墨江，開遠之北，就是彌勒。布朗族從瀾滄江、把邊江、元江流域，向南北盤江流域擴散。

得楞人北遷留下了地名，今丹棱縣源自丹棱山、丹棱川，《太平寰宇記》卷七四眉州丹棱縣還有夷郎川，顯然是夜郎的同源字，丹棱就是 Talaing，證明這是得楞人北遷的重要據點。

土獠族的王號婆能即布朗，《新唐書》卷二二二下《南蠻傳下》：「戎、瀘間有葛獠，居依山谷林菁，逾數百里。俗喜叛，州縣撫視不至，必合黨數千人，持排而戰。奉酋帥為王，號曰婆能，出入前後植旗。」戎州（今宜賓）、瀘州之間的葛獠即仡佬族，在宜賓和瀘州南部，靠近貴州，即土獠。《元史》卷六一《地理志四》普定路（今安順）：「本普里部。」普里即婆能，也即牂杜（牂牁）國的毗那。盤縣、盤江的盤讀音很近，或許也是同源字。

四川的南部也有布朗族，《太平寰宇記》卷七九戎州風俗：「椎髻跣足，鑿齒穿耳。」這是越人仡佬族風俗，戎州之南 289 里有播朗州、577 里有播陵州，在今筠連縣、鎮雄縣。

雲南滄源、瀾滄兩縣及附近的耿馬、雙江、景谷等縣的佤族，自稱 pa rauk 或 pa rɔk、pa ruuk、pa ɣauuk，顯然是布朗的同源字。值得注意的是，《宋史》卷四九六記載大中祥符二年，孫正辭在四川昌州（今大足、榮昌、永川）、富順監（今自貢、富順、隆昌）、瀘州（今瀘州、納溪、合江、江岸、長寧）招募鄉兵，號稱白芀子兵，用其識山川險要，遂為鄉導。我認為白芀的上古音是 bak lek，非常接近佤族的自稱，證明四川南部確實有北遷的南亞語系民族。

漢代在今四川會理設會無縣 kəp-ma，在今雲南永勝設姑復縣 ka-biuk，在今簡陽設牛鞞縣 ngu-bal，讀音都接近吉蔑、開明，《山海經‧海內西經》說：「開明獸，身大類虎而九首，皆人面，東向立崑崙上。」開明即吉蔑同源字，說明南亞語系人群原來也崇拜白虎，姑復縣恰好靠近青藏高原。

	上古音	王力所擬
開明	溪母微部、明母陽部	khyəi、myang
葭萌	見母魚部、明母陽部	kea、myang
昆明	見母文部、明母陽部	kuən、myang
會無	見母緝部、明母魚部	kəp、ma
康民	見母陽部、明母真部	kang、mien

　　麗江納西族、維西傈僳族的 Y 染色體 O2 型高達一半，麗江納西族另有37.5%的 D 型，說明麗江納西族是 O2 型族群征服 D 型族群形成。涼山彝族中的 O2 型有 14.3%，納西族原名磨些，樊綽《蠻書》卷四：「磨些蠻在施蠻外，與南詔為婚姻家，又與越析詔姻婭。」《元史》卷六一邛部州（今西昌）：「唐立邛部縣，後沒於蠻。至宋歲貢名馬土物，封其酋為邛都王。今其地夷稱為邛部川，治烏弄城，昔麼些蠻居之，後仲由蒙之裔奪其地。元憲宗時內附。」

　　樊綽《蠻書》卷四越析詔：「亦謂之磨些詔。」磨的上古音 ma 接近越的上古音 vat，m 和 v 都是唇音，越嶲源自磨些，嶲的上古音是匣母支部 he，一曰越嶲的嶲讀 suat，顏師古注《漢書·地理志上》越嶲：「嶲音先蕊反。」磨嶲 ma-he、磨些 ma-sia，非常接近印歐語的魚，波斯語是 masya，印地語是 mahī，希臘語是 psari，印地語的魚接近磨嶲，波斯語的魚接近磨些。

　　漢代在今西昌設邛都縣，邛池即今西昌邛海，《後漢書·西南夷列傳》說邛都：「俗多游蕩，而喜謳歌，略與牂柯相類。」注引《南中八郡志》說多大魚，頭大似戴鐵釜。又引李膺《益州記》說縣令惹怒頭上有角、長達一丈的神蛇，縣城方圓四十里內塌陷為湖，反映越人崇拜龍、魚。〔註38〕越嶲、磨些的語源可能正是魚，源自邛海的魚崇拜。

　　總結上文，魚鳧、杜宇、鱉靈都是南亞語系族群，從雲貴北遷四川盆地。杜宇是德昂族，從涼山的昭覺縣北遷四川盆地。鱉靈是布朗族，從貴州、重慶北遷四川盆地，恰好是四川盆地的西南、東南兩個方向。4000 多年前全球大降溫，這可能是魚鳧氏從大涼山遷到平原的原因。

　　來自印度的移民很早就融入了布朗族、彝族、拉祜族、傈僳族等民族，所以三星堆文化中自然有很多來自印度文化的成分。

〔註38〕周運中：《清代五尺道在今邛崍、漢源間新考》，《秦漢歷史地理考辨》，花木蘭文化事業有限公司，2019 年，第 201 頁。

第五章　雲南文物與印度

　　雲南東川有大型銅礦，商代中原的青銅器，有一種罕見的高放射性成因鉛同位素，經檢測，其原料很可能源自滇東北，〔註1〕可見滇東北的銅在商代時就大量運到中原。雲南江川李家山春秋時期的滇王墓葬，出土了來自印度的蝕花肉紅石髓珠，〔註2〕還出土了模仿波斯銀盒的銅盒。〔註3〕

一、漢代滇國阿吒力教燈舞雕塑

　　印度教傳入雲南，變成了阿吒力教 Acarya，明代《雲南圖經志》：「僧有二種，居山寺者曰淨戒，居家屋者曰阿吒力。」阿吒力教經過唐宋時期的發展，成為元代雲南佛教的主流。明代朱元璋打擊阿吒力教，清代再被政府禁止，但是阿吒力教始終在民間流傳。

　　方國瑜統計，阿吒力有阿左梨、阿闍梨（黎）、阿遮利夜（耶）等 21 種譯法。任繼愈《佛教詞典》阿闍梨條稱，也稱阿捨梨、阿祇梨等，簡譯為闍梨，意思是軌範師、正行、導師。

　　羅庸《張勝溫梵畫贅論》說：「阿吒力亦云阿闍梨，此云灌頂師，為天竺

〔註1〕　朱炳泉、常向陽：《評「商代青銅器高放射性成因鉛」的發現》，北京大學中國考古學研究中心、北京大學古代文明研究中心編：《古代文明》第1輯，文物出版社，2002年。

〔註2〕　雲南省文物考古研究所：《江川市李家山——第二次發掘報告》，文物出版社，2007年，第233頁。

〔註3〕　孫機：《中國聖火——中國古文物與東西方文化交流中的若干問題》，遼寧教育出版社，1996年，第139～144頁。林梅村：《漢唐西域與中國文明》，文物出版社，1998年，第316～318頁。

密教上師之尊稱。」《南詔圖傳》文字卷:「從此兵強國盛,闢土開疆。此亦阿嵯耶之化也。遂即騰空乘雲,化為阿嵯耶像……保和二年乙巳歲,有西域和尚普立施,來到我京都云,吾西域蓮花部尊阿嵯耶觀音,從蕃國中行化至汝大封民國……遵宗信仰,號曰建國聖源阿嵯耶觀音。」《南詔圖傳》的《觀音幻化》第六化、第七化和《張勝溫梵像卷》中都有阿嵯耶觀音,但是不叫阿嵯耶,而叫真身觀世音菩薩、易長觀世音菩薩。〔註4〕

　　阿吒力教的燈舞在雲南一直流傳,我認為顯然源自印度教。晉寧石寨山出土的漢代滇國雙人托盤舞蹈的鎏金雕塑,極其類似阿吒力教的燈舞,都是手托燈盞,而且這件雕塑的兩個人,腳下還有一條很長的蛇,蛇嘴咬著一個人的腳,蛇尾纏著一個人的腳,令人想到現代印度人的戲蛇。這就證明,阿吒力教傳入雲南,不是前人所說的唐宋時期,而是最晚在西漢前期已經傳入,符合文獻記載的西南絲綢之路時間。

阿吒力教燈舞照片、石寨山出土的漢代燈舞鎏金雕塑

二、劍川縣的印度教文物

　　劍川縣在大理之北,是大理和麗江之間的要衝,劍川縣南的石鐘山石窟,第6號石窟有象首人身像,第11號石窟人像旁有波斯國人四個字。很多學者認為波斯國人四個字是後人誤刻,原像是西域僧人。石鐘山石窟的獅子關區第2號窟,有梵僧像。〔註5〕

〔註4〕楊德聰:《「阿嵯耶」辨識》,《雲南民族學院學報》1995年第4期。
〔註5〕北京大學考古學系、雲南大學歷史系、劍川石窟考古研究課題組:《劍川石窟——1999年考古調查簡報》,《文物》2000年第7期。

前人指出，劍川縣城南的劍湖南部有海門口遺址，出土了印度式的兵器，海門口遺址的時間在 5000 年前。劍川縣南部的鼇峰山遺址出土的銅劍，類似西藏札達縣古墓出土的銅劍，札達古墓的碳十四測定在 2725 到 2710 年前。秦國《呂氏春秋》記載的刻舟求劍故事，類似印度《百喻經》的類似故事，也類似今天劍川的民間故事《記得有頭老母豬》的情節。現在劍川白族和蘭坪縣白族中流傳的故事《青蛙討媳婦》，類似格林童話的《青蛙王子》，來自公元前 1 世紀印度《五卷書》的《青蛙王子》。〔註 6〕

劍川石鐘山石窟的象首人身像

三、巍山縣印度女人銀像

巍山縣緊鄰大理之南，是大理通往滇南的要衝，南詔最早在巍山興起。巍山縣西北部的馬鞍山鄉母古魯村在漾濞江之東，漾濞江向南注入瀾滄江。巍山之西，通往保山，再往西通往印度。2005 年 8 月母古魯村出土了一件銀人像，高 8 釐米，中空，似乎是一個杖頭。

我認為，從服飾來看，這個人像很可能是印度人，其服飾不像是傣族、白

〔註 6〕羅越先：《石寶山與西域》，雲南民族出版社，2016 年，第 150～164 頁。

族、彝族等鄰近的服飾。特別類似印度女人的沙麗,是圍繞身體,從肩頭斜披。
人像上身的內衣和下身的裙子,是另外兩種花紋。

巍山縣出土銀女人像的正面與背面

四、水富佛像和昭通印度人像

　　水富縣在雲南省最東北部,緊靠宜賓,是絲綢之路的咽喉要地。水富縣的
烏龜石灣崖墓,2002 年的考古發掘中,2 號墓出土了一尊陶佛像,高 22 釐米,
相貌和服飾是典型的西方人,手勢類似佛教的施無畏印手勢,我認為左手的器
物不是前人所說的衣角,〔註7〕似乎是金剛杵,總之來自印度。同一墓內還出
土了長臉、高鼻、深目的陶俑頭,可能也是印度人造型。

　　丁長芬之文還指出,1984 年昭通白泥井漢代磚室墓出土了仙人騎鹿青銅
像,人像高鼻,其右手也是施無畏印手勢。昭通雞窩院子土坑墓出土的羽人天
雞銅薰爐,人像長鬚。昭通漢代磚室墓出土的一件吹簫銅人像,也是高鼻深目。
昭通博物館所藏早年出土的一件銅人像,頭上有明顯的螺髻。1990 年,大理

〔註7〕丁長芬:《昭通出土東漢佛像及其他》,昭通市博物館編:《昭通文物考古論文
　　　　集》,雲南人民出版社,第 205～212 頁。

製藥廠工地的東漢熹平年銘文磚古墓出土了 7 件吹簫俑，尖帽、長臉、高鼻、深目，結跏趺坐。保山蜀漢延熹紀年墓，出土了光頭高鼻的陶僧首。

水富縣出土佛像、昭通館藏印度人像

五、《南詔圖傳》的印度教祭祀

　　很多印度婆羅門僧人來到南詔，前人已經詳細考證來到南詔、大理的印度僧人傳播印度教、佛教的歷史，〔註8〕本書不贅。

　　南詔信奉婆羅門教，流行大黑天神崇拜，《南詔德化碑》：「伏屍遍毗舍之野。」毗舍 Vaisya 是第三等級種姓平民。

　　南詔現在日本京都有鄰館收藏的《南詔圖傳》又稱《中興圖傳》，分為《圖畫卷》和《文字卷》。向達認為是大理國的摹本，李霖燦認為文經元年（945）的摹本，汪寧生認為原畫是中興二年（898 年）所畫，文武皇帝部分是在鄭買嗣時代（903～909）補作，今本是稍晚的摹本。《文字卷》稱第二化、第三化故事發生在奇王蒙細奴邏（獨邏消，629～674 年）時代，在唐高宗時代。梵僧坐在巍山頂，向蒙細奴邏的妻兒授記時：「左有朱鬃白馬，上出化雲中有侍童，手把鐵杖，右有白象，上出化雲中有侍童，手把方金鏡，並有一青沙牛。」第三化的末尾，小字注釋：「後立青牛禱，此其因也。」畫上的牛旁有字：「青沙牛不變，後立青牛禱，此其因也。」

　　溫玉成指出，這是一個婆羅門祭祀場面，巍山的梵僧是婆羅門。馬神

〔註 8〕李家瑞：《南詔以來來雲南的天竺僧人》，《南詔文化論》，雲南人民出版社，1991年，第 348～363 頁。

Dadhikra、象神、濕婆之子 Ganesa 都以侍童面貌出現，濕婆神的牛 Nanda 以青沙牛面貌出現，現在白族的祭牛王不知是否源自此處。〔註9〕

第四化的梵僧被殺時，脖子上掛有白色布帶，《真臘風土記》：「為儒者呼為班詰，為僧者呼為苧姑，為道者呼為八思。惟班詰不知其所祖，亦無所謂學舍講習之處，亦難究其所讀何書。但見其如常人打布之外，於項上掛白線一條，以此別其為儒耳。由班詰入仕者則為高上之人，項上之線終身不去。」班詰是梵語 pandita，即印度教學者。

《南詔圖傳》的梵僧授記部分

四川涼山州昭覺縣彎長鄉的博什瓦黑，1958 年發現石刻畫像，1982 年發表調查簡報。畫面有人、鳥、獸，人是男性長者，卷髮，寬額方臉，穿長袍。左手持扇，上有雙鳥，身後有劍、杖、瓶。獸的後上方，有飛翔的斑鳩。

調查報告認為是彝族的畢摩，也有學者認為石刻人像是南詔國晚期的密宗大師天竺梵僧贊陀崛多，萬曆《雲南通志》卷十三：「贊陀崛多神僧，蒙氏保和十六年，自西域摩加陀國來，為蒙氏崇信，於鶴慶東峰頂山，結第入定，慧通而神……摩加陀，天竺人，蒙氏時，卓錫於騰沖長洞山，闡瑜伽教，演秘密法，祈禱必應，至今雲南土僧阿吒力者皆服其教。」〔註10〕

〔註9〕 溫玉成：《南詔圖傳·文字卷考釋——南詔國宗教史上的幾個問題》，《世界宗教研究》2001 年第 1 期。

〔註10〕 李紹明：《涼山博什瓦黑南詔大理石刻中的「梵僧」畫像考》，楊仲錄、張福三、張楠主編：《南詔文化論》，第 447～457 頁。

第六章　滇緬印路上的神靈

　　既然很早就有人群在滇緬印之間的道路上來往，有民族遷徙和文化傳播，一定也有宗教信仰的流傳，本章揭示一些在上古就從印度流傳到雲南和長江流域的神靈。

一、嫦娥源自印度的月 chandra

　　傳說嫦娥偷了不死藥，飛到了月亮。《淮南子‧覽冥訓》說：

> 羿請不死之藥於西王母，嫦娥竊以奔月。

東漢天文學家張衡在他的《靈憲》書中說：

> 羿請不死之藥於西王母，羿妻嫦娥竊以奔月，託身於月，是為
蟾蜍。〔註1〕

湖北王家臺秦墓出土《歸藏》說：

> 《歸妹》曰：昔者恒我（嫦娥）竊毋死之□（奔）月而與（枚）占

　　饒宗頤指出，所謂不死之藥就是塞人（Saka）巫師飲用的豪麻汁液，豪麻汁液能使人興奮，巫師在祭祀時使用。大流士一世的 Susǎ 銘文 E 第 24、25 行，和 Naqš-i-Rostam 銘文 A 第 25、26 行都記著二種塞（Saka）族，列於 Hidus（印度）之後。一種是 Saka hauma-vargā，即飲豪麻汁的塞人，一種是 Saka tigraxaudā，指戴尖帽的塞人。另一種是 Saka paradraiga，指海邊塞種。薛西斯（Xerxes）一世的碑銘 H 第 26、27 行，亦把 hauma Saka 與 tigraxaudā Saka 分而為二，列於印度 Dahā 族之後。

〔註1〕〔宋〕李昉等編：《太平御覽》卷四《天部四》引。

南朝陳時真諦譯《金七十論》，第一偈說：「昔飲須摩味不死，得入光天。」須摩 Soma 見於梵文《吠陀》，對應波斯《火教經》的 Haoma。hau-，梵文作 su-，指榨取。波斯宗教中，查拉圖斯特蘭創造世界過程中所創 Hom，即 Haoma，又是月桂樹（Laurel）Gökarn 的象徵，因為能夠顯示新生的不死力量，地位很高。

印度 Soma 的神力，由鷹把 Soma 送給最上神 Indra。在《梨俱吠陀》之中，幾乎接近 120 頌來讚美 Soma 神，Soma 又名曰 indu，意思是 thebrightdrop（燦爛的點滴），漢譯亦稱為甘露。在 Avesta 經，haoma 有許多地方簡直是代表月亮。印度吠陀吸收波斯《火教經》的 Hom 和 haoma，演變為 Soma，代表一股不死的神力。Soma 是液體乳汁型之物，漢語所謂「一滴如甘露」。Hauma 既象徵月亮，是從月亮取來具有不死神力的甘露。〔註2〕

屈原《天問》：

> 夜光何德，死則又育？厥利維何，而顧菟在腹？⋯⋯
>
> 焉有石林，何獸能言？⋯⋯何所不死，長人何守？

饒先生引用了《天問》，但是沒有引用顧菟一句，已有人懷疑蟾蜍、嫦娥都是印度語言的月亮 chandra，可惜仍然認為是中國的嫦娥、蟾蜍神話傳播到了印度。〔註3〕其實是印度神話傳入中國，chandra 是印歐語，不是漢語。

玄奘《大唐西域記》卷七婆羅疶斯國（今印度瓦拉納西 Varanasi）第鹿野苑烈士池故事，說到兔子被帝釋天放到了月亮上。很多佛經有月兔故事，季羨林認為月兔是從印度傳到東亞。〔註4〕鍾敬文認為月兔故事在南非和墨西哥都有，所以不是從印度傳出，而是不同民族觀察月亮表面的黑影得出相同的看法。〔註5〕我認為月兔是遠古傳播的故事，至少是遠古人類的共通故事。

印度教神話說毗濕奴從海中找到不死的甘露，被一個叫羅睺（Rahu）的阿修羅偷去，毗濕奴砍掉了羅睺的頭，但是羅睺因為已經飲用了不死藥，所以雖然沒有了頭，仍然不死。羅睺經常咬日月，於是出現了日食和月食。

所謂顧菟，無疑是瞻菟之誤，瞻通顧，所謂瞻前顧後。瞻菟就是蟾蜍，嫦

〔註2〕 饒宗頤：《塞種與 Soma（須摩）——不死藥的來源探索》，《饒宗頤二十世紀學術文集》卷七《中外關係史》，中國人民大學出版社，2009 年。

〔註3〕 吳曉東：《印度日月神話的田野考察》，《民族藝術》2016 年第 6 期。

〔註4〕 季羨林：《中印文化交流史》，新華出版社，1991 年，第 11 頁。

〔註5〕 鍾敬文：《馬王堆漢墓帛畫的神話史意義》，《鍾敬文學術論著自選集》，首都師範大學出版社，1994 年，第 263～264 頁。

娥和蟾蜍都源自印度語的月 chandra。嫦娥偷吃不死藥的神話，也從印度傳到中國，所以最早出現在南方的《淮南子》。

羅睺傳入中國，變成了刑天，刑的意思是砍掉，天的本義就是頭，所以刑天是被砍頭的人。《山海經·海外西經》：

> 形天與帝爭神，帝斷其首，葬之常羊之山。乃以乳為目，以臍為口，操干戚以舞。

刑天沒有頭，還有超強的戰鬥力，正是因為他吃了不死藥。最重要的是，常羊山的常羊就是嫦娥，也即 chandra。

《大荒西經》：

> 大荒之中，有山名曰常陽之山，日月所入……
>
> 有大巫山。有金之山。西南大荒之中隅，有偏句、常羊之山

常陽山是日月所入，又在西南，附近有巫山、金山，巫山有巫師，金山有黃金，這些都說明常羊就是月神。

其實 chandra 還有一個漢譯字，即纖阿，《史記·司馬相如傳》：「陽子驂乘，纖阿為御。」《索隱》引服虔曰：「纖阿為月御。」《集解》引《漢書音義》：「纖阿，月御也。」纖阿讀音接近 chandra，又是月神的御者，無疑就是 chandra，司馬相如是西南人，而且開拓了西南邊疆。

我認為，豪麻象徵月桂樹，就是《山海經》建木，《海內南經》：

> 窫窳龍首，居弱水中，在狌狌知人名之西，其狀如龍首，食人。
>
> 有木，其狀如牛，引之有皮，若纓、黃蛇。其葉如羅，其實如欒，其木若蓲，其名曰建木。在窫窳西，弱水上。

《海內經》：

> 有木，青葉紫莖，玄華黃實，名曰建木，百仞無枝，上有九欘，下有九枸，其實如麻，其葉如芒。

請注意，建木的果實如麻，而且上古音的建是 kam，非常接近 Hom，現在粵語還有 k、h 互訛現象，如客是 hak。建木雖然在《海內南經》，但是原文明確在弱水之西，所謂狌狌（猩猩）之西，是從《海內西經》訛入《海內南經》後，再經人整理，添加了每一條之間的方位。因為《海內南經》最末一條是：

> 匈奴、開題之國、列人之國並在西北。

而《海內西經》開頭一條是:

> 貳負之臣曰危,危與貳負殺窫窳。帝乃梏之疏屬之山,桎其右足,反縛兩手與髮,繫之山上木。在開題西北。

說明《海內南經》末段有一些條目是從《海內西經》開頭訛入,因為古代竹簡的韋編脫落而誤入前一卷。

《海內西經》最末說:

> 開明北有視肉、珠樹、文玉樹、玕琪樹、不死樹。鳳皇、鸞鳥皆戴蝛。又有離朱、木禾、柏樹、甘水、聖木曼兌,一曰挺木牙交。開明東有巫彭、巫抵、巫陽、巫履、巫凡、巫相,夾窫窳之尸,皆操不死之藥以距之。窫窳者,蛇身人面,貳負臣所殺也。服常樹,其上有三頭人,伺琅玕樹。開明南有樹,鳥六首,蛟、蝮、蛇、蜼、豹、鳥秩樹,於表池樹木,誦鳥、隼鳥、視肉。

此處說到聖木,又說到甘水,又說到隼鳥,我認為這就是印歐人的傳說。因為前引饒宗頤之文指出,在印度的《梨俱吠陀》,有近一百二十篇讚美 Soma\Haoma,又名 indu,意思是燦爛的點滴,即甘露。印度人說,由鷹把 Soma 送給最高神 Indra。我認為,這就是聖木、甘水、隼鳥的由來。曼兌,音近曼陀羅。

瑣羅亞斯德教中看守 Hom 聖樹的卡拉魚(Kara),樹上住著神鳥 Senmurv,就是《山海經》住在樹上的六種頭的鳥。在前伊斯蘭時代,Senmurv 是一種獸頭鳥尾的神獸,一種意見認為只有獅子頭的才是 Senmurv。〔註6〕所以《山海經》說,樹鳥有六首。

三星堆出土的青銅神樹,高近 4 米,樹枝上有九隻鳥,下面有一條龍,造型瑰麗,實乃國寶。我認為這就是《山海經》所說的建木,也即印歐傳說的神樹 Hom。上面有神鳥,下面的龍是窫窳,窫窳是龍首。

三頭人是印度傳說的濕婆,濕婆有三個頭。《大荒西經》:「有人焉三面,是顓頊之子,三面一臂,三面之人不死。」明確說到不死,顯然是神。

二、壽麻、升麻與不死藥 soma

《大荒西經》說:

〔註6〕施安昌:《火壇與祭司鳥神:中國古代祆教美術考古手記》,紫禁城出版社,2004年,第154～155頁。

有壽麻之國。南嶽娶州山女，名曰女虔。女虔生季格，季格生壽麻。壽麻正立無景，疾呼無響。爰有大暑，不可以往。

有學者認為壽麻是蘇美爾，我認為太遠。〔註5〕有學者認為壽麻在印度，雅利安人用蘇摩酒（Sauma）祭祀，所以被中國人傳為壽麻國，壽麻即蘇摩的異譯。〔註6〕我認為印度說有一定道理，印度確實很熱，而且有大片平原，所以才能沒有回聲。西南多山之地，有明顯的回聲。

林鴻榮認為壽麻即漢代的收靡縣（在今尋甸縣），《逸周書‧王會》：「州靡費費，其形人身反踵，自笑，笑則上唇翕其目，食人。」壽麻即州靡，劉師培認為即《呂氏春秋‧任數》西部的壽靡。〔註7〕此說在中國境內，但是地處高原，夏季也不熱，也不是平原。

收靡縣，源自升麻，《華陽國志》卷四建寧郡：「牧麻縣，山出好升麻。」〔註8〕《水經注》卷三十六《若水注》：

> 繩水又東，塗水注之。水出建寧郡之牧靡縣南山。縣，山並即草以立名。山在縣東北烏句山南五百里，山生牧靡，可以解毒。百卉方盛，鳥多誤食，鳥喙口中毒，必急飛往牧靡山，喙牧靡以解毒也。塗水導源臘谷，西北流至越巂入繩，繩水又逕越巂郡之馬湖縣謂之馬湖江。

收靡縣、收靡山源自升麻，這種神奇的植物可以解毒。由此我們似乎可以想到，印度婆羅門崇拜的蘇摩很可能就是升麻。

蘇摩酒能令人興奮和長生，治癒百病，《梨俱吠陀》、《阿維斯坦》都說蘇摩長在山頂，要研磨成汁。有人認為是麻黃屬植物，有人認為是肉珊瑚屬植物，有人認為是菌類，甚至指明是毒蠅傘菌（Amanita mustaria），東北亞的薩滿常

〔註7〕葉舒憲、蕭兵、〔韓〕鄭在書：《山海經的文化尋蹤——「想像地理學」與東西文化碰觸》，湖北人民出版社，2004年，第335～343頁。

〔註8〕沈福偉：《說〈山海經〉是中國第一部地理志結集》，《周秦漢唐文化研究》第2輯，三秦出版社，2003年，第8頁。

〔註9〕林鴻榮：《略論「壽麻之國」的地望與族屬》，王善才主編：《《山海經》與中華文化》，湖北人民出版社，1999年，第302頁～308頁。

〔註10〕牧、收字形很近，《續漢書‧郡國志》、今本《說文解字》、《水經注》誤作牧靡縣，王先謙說收靡源自升麻，又引段玉裁說《隸釋‧益州太守碑》收靡為證。陳直又引李奇注「收靡即升麻」與《本草》說「升麻生益州山谷中」為證，可知收靡誤為牧靡。見周振鶴：《漢書地理志匯釋》，安徽教育出版社，2006年，第323頁。

使用此種有毒的蘑菇來作儀式上的抽搐。李約瑟認同此說，又據此認為不死之樹是常和毒蠅傘菌伴生的樺樹。〔註9〕

　　我認為，蘇摩不是毒蘑菇，因為蘇摩包治百病，使人長生不老，毒蘑菇顯然不能。蘇摩也不是麻黃，麻黃主要產在北方，而蘇摩是熱帶植物。麻黃主要治療風寒、咳嗽、水腫等病，不是熱帶病。但升麻治療時氣疫癘、頭痛寒熱，喉痛、口瘡，斑疹不透，都是熱帶病。所以我認為蘇摩就是升麻，千古不解之謎又一次通過《山海經》解決。

　　屈原的《九歌·大司命》說：「折疏麻兮瑤華，將以遺兮離居。」東漢王逸注：「疏麻，神麻也。」大司命是掌管生死的神，疏麻是神麻，正是能起死回生的升麻，也即 soma。

　　有趣的是，《大荒西經》壽麻的前一條和後一條是：

> 大荒之中，有山名曰常陽之山，日月所入。有寒荒之國，有二人女祭、女薎……有人無首，操戈盾立，名曰夏耕之尸。故成湯伐夏桀於章山，克之，斬耕厥前。耕既立，無首，走厥咎，乃降於巫山。

　　上文說過，常陽是月亮 chandra，刑天就是偷喝了蘇摩酒而且造成月食的羅睺，此處壽麻（蘇摩）的上下文恰好是月亮和類似刑天的人，再次證明了上文的考證。耕的名字也即羅睺化成的不祥彗星計都（Ketu），章山的章就是 chandra 的音譯。

　　壽麻的祖先是州山之女，上文考證周人即 Zou，Zou 是烏蠻語的高，所以州山即高山。又說到季格，上文說過，閣是白蠻語的高，則季格也是高。

　　廣西也有升麻，《太平寰宇記》卷一六六橫州寧浦縣（今橫縣）：「蘇摩嶠，董奉死後，人見於此。」董奉是東漢末年的著名道士，記載他令交州刺史死而復生，而蘇摩的讀音正是 soma！

三、雨神萍翳是印度的 Prajanya

　　楚國的雨神稱為萍翳，屈原《天問》：「萍翳起雨，何以興之？」東漢王逸注萍翳：「萍，萍翳，雨師名也。翳，呼也。興，起也。」

　　萍翳的名字很奇怪，不是中原的雨神名號，寫法很奇怪，很像是音譯的外語詞。印度的雨神稱為 Prajanya，讀音恰好非常接近萍翳，現在閩南語的枵還

〔註11〕李約瑟：《中國科學技術史》第五卷第二分冊，科學出版社，2014 年，第 112～114 頁。

讀成 iao，肚子餓說成腹肚枵。南方多雨，所以楚人對印度的雨神很感興趣，雨神或許是經過滇緬道路傳到楚國的印度神。

黃樹先認為薄翳之薄來自苗語的雨 bing，〔註 12〕楊琳認為翳來自藏緬語族語言，如彝語的云是 tie。〔註 13〕我認為苗語、彝語與漢語雖然都屬於漢藏語系，關係比較近，但是這種拼合論證未必成立。或許早期漢藏語系和南亞的語言有同源關係，也就是說，雨神的名字是一個遠古的共通詞。

薄號令人想到河伯的名字是馮夷，《龍魚河圖》:「河伯，姓呂公子。夫人姓馮，名夷，河伯字也。華陰潼鄉堤首人，水死化為河伯。」《莊子・大宗師》的釋文，司馬彪引《清泠傳》、《搜神記》卷十四都說河伯馮夷是華陰人，〔註 14〕《東觀漢記・馮魴傳》:「馮氏，其先，魏之別封，曰華侯，華侯孫長卿，食采馮城，因以氏焉。」馮城靠近華山，華山附近的彭戲氏就是馮夷，《史記・秦本紀》:「武西元年，伐彭戲氏，至於華山下。」彭戲就是龐戲，《史記・六國年表》:「伐大荔。補龐戲城。」大荔在今陝西省大荔縣，龐戲鄰近大荔，正是華山附近的彭戲，〔註 15〕彭戲（龐戲）氏就是黿戲氏（伏羲氏），潼關附近的河伯冰夷（馮夷）也是伏羲氏。河伯就是水神、雨神，所以讀音接近薄翳。

屈原的《九歌》之中有《河伯》，很多人難以理解，認為楚國不靠近黃河，不應該祭祀河伯，甚至斷定楚國沒有祭祀過黃河的水神。其實楚國也在黃河邊上祭祀過黃河，《左傳》宣公十二年記載楚莊王在黃河邊的卷（今河南省原陽縣）戰勝晉國，祭祀黃河。而且河伯應該理解為水神，中原的水神是跟隨伏羲從南方向北遷徙，分子人類學已經發現漢族的祖先源自西南，漢族的祖先和越人、苗人同源，我也已經指出伏羲就是布依、武夷。因此楚國祭祀的河伯，很可能是遠古亞洲南部的共有水神，就是伏羲、馮夷、薄翳。

〔註 12〕黃樹先:《古楚語釋詞》,《語言研究》1989 年第 2 期。

〔註 13〕楊琳:《訓詁方法新探》,商務印書館（北京）,2011 年,第 226 頁。

〔註 14〕袁珂、周明編:《中國神話資料粹編》,四川社會科學院出版社,1985 年。

〔註 15〕辛迪:《彭戲氏考》,《中國歷史地理論叢》,2005 年第 2 期。

第七章 老子來自西南

　　老子是個極為神秘的人物，孔子稱他是神龍見首不見尾！關於老子的史料極少，所以學術界一直在爭論老子到底在孔子之前，還是在孔子之後。

　　司馬遷在《史記》中記載了三個老子，而時代居然相差上百年，司馬遷也承認他理不清老子的真相，但是最終他還是把老子放在孔子之前。

　　但是很多學者懷疑老子在孔子之後，因為《史記》三個老子中有個太史儋在秦獻公時，比孔子晚了一百多年。他們又說《老子》中有很多話像是戰國人所寫，老子究竟是什麼人？

一、老子在孔子之前

　　司馬遷《史記‧老子韓非列傳》記載：

> 　　老子者，楚苦縣厲鄉曲仁里人也，姓李氏，名耳，字耼，周守藏室之史也。孔子適周，將問禮於老子。老子曰：「子所言者，其人與骨皆已朽矣，獨其言在耳。且君子得其時則駕，不得其時則蓬累而行。吾聞之，良賈深藏若虛，君子盛德容貌若愚。去子之驕氣與多欲，態色與淫志，是皆無益於子之身。吾所以告子，若是而已。」孔子去，謂弟子曰：「鳥，吾知其能飛。魚，吾知其能遊。獸，吾知其能走。走者可以為罔，遊者可以為綸，飛者可以為矰。至於龍，吾不能知其乘風雲而上天。吾今日見老子，其猶龍邪！」老子修道德，其學以自隱無名為務。居周久之，見周之衰，乃遂去。至關，關令尹喜曰：「子將隱矣，強為我著書。」於是老子乃著書上下篇，言道德之意五千餘言而去，莫知其所終。

　　或曰：老萊子亦楚人也，著書十五篇，言道家之用，與孔子同時云。蓋老子百有六十餘歲，或言二百餘歲，以其修道而養壽也。

　　自孔子死之後百二十九年，而史記周太史儋見秦獻公曰：「始秦與周合，合五百歲而離，離七十歲而霸王者出焉。」或曰儋即老子，或曰非也，世莫知其然否。老子，隱君子也。

　　老子之子名宗，宗為魏將，封於段干。宗子注，注子宮，宮玄孫假，假仕於漢孝文帝。而假之子解為膠西王卬太傅，因家於齊焉。

　　世之學老子者則絀儒學，儒學亦絀老子。道不同不相為謀，豈謂是邪？李耳無為自化，清靜自正。

　　孔子向老子問禮，則老子比孔子年長。而且孔子問道於老子，《莊子》的《天地》、《天道》、《天運》、《田子方》、《知北遊》有記載，《外物》又說孔子見到老萊子弟子。儒家的典籍《禮記·曾子問》記載了四次孔子向老子請教，則應屬無誤。《呂氏春秋·當染》：「孔子學於老聃、孟蘇夔、靖叔。」莊子雖然喜好寓言，但是他的家鄉接近老子，又同屬道家，時代相去不遠，所以不可把老子與他的寓言中的遠古人物黃帝相比，他說孔子見過老子應有可靠根據。

　　莊子在《天運》中稱：「孔子行年五十有一，而不聞道，乃南之沛，見老聃。老聃曰：子來乎？吾聞子，北方之賢者也，子亦得道乎？」

　　老子家鄉在苦縣厲鄉，《索隱》引《括地志》：「《晉太康地記》云：苦縣城東有瀨鄉祠。」厲、瀨皆為來母月部，音通，在今河南鹿邑縣。

　　莊子在《寓言》中稱：「陽子居南之沛，老聃西遊於秦，邀於郊，至於梁而遇老子。」前人多誤以為陽子居是楊朱，誤以為老子是戰國人，但是居的上古音是見母魚部 kia，而朱在章母侯部 tɕio，差別很大，所以陽子居不是戰國的楊朱。大梁（今開封）是戰國時才興起，所以此處的梁未必是大梁，很可能另一個同名的地方。《莊子》兩次提到老子居沛，不是今天的江蘇徐州沛縣，因為苦縣之北有條泡水，沛縣也有泡水，《水經注》記載泡水又名豐水，豐、沛、泡其實是同源字。所以沛很可能是泡之誤，指的是苦縣之北的泡水。

　　我認為，我們現在看到的《老子》不是老子所作的原本，而是混雜了太史儋的很多補注，原本《老子》不足 20 章。

　　老子本人討論哲學問題，不會討論治國術甚至陰謀論。而太史儋去秦國，是要輔佐秦國取得天下，這顯然到了戰國時期，秦國已經崛起。

　　而且從漢文帝上推七代，是戰國時期，不是春秋時期，所謂出關的老子很

可能是太史儋，不是老子。

　　太史儋根據原本《老子》的部分內容，增加了很多治國術和陰謀論，形成了今天的《老子》。出關的老子是太史儋。因為太史儋的名字儋和老聃的名字聃，讀音接近，所以被後人混淆。所以今天的《老子》看似道家，其實多數內容已經接近法家甚至儒家。法家很推崇《老子》，《韓非子》有《解老》、《喻老》，太史儋就是韓非等人的前身。

　　如果我們明白有兩個《老子》，就不難理解兩個老子的糾葛。我們研究道家，討論的應該主要是原本的《老子》，而不是太史儋的《老子》。

　　我認為原本的《老子》可能包括今本第 1、4、6、8、11、14、15、16、20、21、23、25、34、35、40、41、50、51、52、55 章，這些內容主要討論純粹哲學的問題。

二、老子是獠人

　　宋國有地名老丘，有老姓，《左傳》定公十五年：「鄭罕達敗宋師於老丘。」老丘在今開封的東北，《太平寰宇記》卷一開封府陳留縣：「老丘城，在縣北四十五里。」《左傳》成公十五年宋國老佐為司馬，杜預注：「戴公五世孫。」古代貴族姓氏可能源自封地，未必表示老姓都源自宋國王室。

　　老子既然叫老聃，為何又叫李耳？西漢揚雄《方言》卷八說：

　　　　虎，陳魏宋楚之間，或謂之李父，江淮南楚之間，謂之李耳，

　　或謂之於㲦。自關東西，或謂之伯都。」〔註1〕

　　李耳是江淮人叫虎的名字，宋、楚、陳、魏又叫李父。宋國人把虎稱為李，還有一個證據，北魏酈道元《水經注》卷二四《睢水》說宋國的都城睢陽（今商丘）：「城內有高臺……謂之蠡臺……《續述征記》曰：回道似蠡，故謂之蠡臺，非也。余按：《闕子》稱……（宋）景公登虎圈之臺……然則蠡臺即是虎圈臺也，蓋宋世牢虎所在矣。」酈道元的考證完全正確！因為宋國人把虎說成李，所以蠡臺就是虎圈臺。既然宋國人稱虎為李，則李耳確實很可能是宋人稱老子的名字。但是老聃是老子的本名，所以莊子一概稱為老聃。

　　老子不太像漢人，《天運》說老子尸居、倨堂，尸居即夷居。到了秦代，劉邦這樣做過土匪的人才會倨床見酈食其。

〔註1〕〔漢〕揚雄著、周祖謨校箋：《方言校箋》，北京：中華書局，1993年，第51頁。

潘光旦認為老子的母親可能是巴人，李耳是巴語的母虎。〔註2〕今按土家語的母虎是 li-i-ka，耳的上古音不讀 er，雖然潘光旦的想法未必都準確，但是他的思路很有啟發性。德昂語的老虎是 ra va：i，〔註3〕讀音接近李父。

老是老子的姓氏，說明老子很可能是獠人，也即越人。越人自稱仡獠、閣僚、葛獠等，現在還有仡佬族。此名源自複輔音字 klu，考、老就是從上古複輔音字分化出的兩個字，《說文》：「考，老也。」又：「老，考也。」

仡佬源自黑色，而且是一個古老的世界同源字：

1. 閃含語系：摩洛哥阿拉伯語 khāl

2. 印歐語系：孟加拉語 kalo，印地語 kālā 或 kārau，阿塞拜疆語 qara

3. 阿爾泰語系，哈薩克語 kara，日語 kuroi

所以《山海經·海外東經》說東南海外有：「勞民國在其北，其為人黑，或曰教民。」教、老其實是教老也即 kalo 的分化，這是東南海上的越人。

黑色，還有一個更古老的世界同源字，包括：

1. 班圖語系：肖納語（Shona）dema

2. 閃含語系：阿姆哈拉語 ṭəkur

3. 侗臺語系：泰語 dam，老撾語 dam

4. 南島語系：馬來語 itam

5. 漢藏語系：米佐（Mizo）語 dum

6. 凱爾特語系：威爾士語 du，馬恩（Manx）語 duu

7. 印第安語：多格里布（Dogrib）語 dezǫ

這一組字發源於非洲，經過中東到印度、東南亞、太平洋、美洲，分布最廣，可能起源最早。

聃的上古音是透母談部 tham，很接近古代越語的 dam，如果老子是獠人，名字又是 dam，很可能是黑的意思。

老、聃都可能指黑，老（僚）也指南方的民族，老子無疑來自南方，而且是楚國的南部，膚色特別黑。

但是老聃的別名李耳、伯陽都是指老虎，世界主要語言的老虎讀音，有以下幾類：

1. 對應伯都，比如印地語的 bagh，維吾爾語的 bars。漢藏語系也有此字，

〔註2〕潘光旦：《中國民族史料彙編》，天津古籍出版社，2005 年，第 22 頁。

〔註3〕顏其香、周植志：《中國的孟高棉語族語言與南亞語系》，第 249 頁。

唐代樊綽《蠻書》卷八：「大蟲謂之波羅密。」

2. 對應兔，比如高棉語的 khla。高棉語屬南亞語系，分子人類學檢測，南亞語系民族和苗蠻語族民族的父系同源，楚國的王族是苗族，楚地多苗族，所以進入楚語。

3. 對應李耳，包括棉蘭老語的 rimau，阿拉伯語的 nimr 等，阿拉伯無虎，此字出自東南亞。

4. 對應檮杌、菟於，包括苗語的 tsov，朝鮮語的 thom，日語的 tora。菟於即 tsov，《左傳・宣公四年》：「楚人謂乳谷，謂虎於菟。」於菟是菟於之誤，楚國的國史稱檮杌。檮的聲母是 t，壽的聲母是 s，其實都是 ts 的分化。

5. 對應羅，彝語的 lat，傈僳語的 la，高棉語的 khla。《山海經・海外北經》：「有青獸焉，狀如虎，名曰羅羅。」元代李京《雲南志略》：「羅羅即烏蠻也。」彝族崇拜黑虎，《山海經》說青黑色。

6. 對應廩，包括印度和伊朗的諸多語言，比如阿塞拜疆語的 pələng，拉茲金語（Lazgi）的 peleng，普什圖語的 prang，馬贊達蘭語的 paleng，泰米爾語的 puli，坎納達語的 huli 等。

楚人原來不是華夏，沒有禮器，所以清華大學藏戰國楚簡《楚居》記載歷代楚王，說：「思郫益卜徙於夷屯，為便室，室既成，無以內之，乃竊郫人之犝以祭。懼其主，夜而內尸，抵今曰亦，亦必夜。」楚國偷了郫國的禮器，不敢在白天祭祀。攀附為顓頊氏祝融之裔，所以《左傳》記載舜流放顓頊氏之子檮杌到邊疆。〔註4〕《孟子・離婁》：「晉之《乘》、魯之《春秋》、楚之《檮杌》，其實一也。」楚國的國史稱為檮杌，檮杌是虎，《神異經》：「西方荒中有獸焉，其狀如虎而犬毛，長二尺，人面虎足，豬口牙，尾長一丈八尺。擾亂荒中，名檮杌。」所謂豬口牙，指檮杌有野豬那樣的長牙，這是古人對冰期劍齒虎的記憶。苗族崇拜白虎的淵源很早，湘西高廟文化出土的陶器上就有長牙虎口的圖案。

朝鮮語的 thom 之所以非常接近 tsov，因為根據最新的分子人類學檢測，在今天的韓國人、日本人之中，父系血統竟有近三分之一是 O2b 型，最接近苗族的主要父系來源 O2a，說明在冰期黃海退去時，很多苗族從長江口向東到了韓國和日本。所以《山海經・海外東經》：「君子國在其北，衣冠帶劍，食獸，

〔註4〕《左傳・文公十八年》：「顓頊有不才子，不可教訓，不知話言，告之則頑，舍之則嚚，傲狠明德，以亂天常，天下之民謂之檮杌。」

使二大虎在旁，其人好讓不爭。」《後漢書》卷《東夷傳》：「濊北與高句驪、沃沮，南與辰韓接，東窮大海，西至樂浪……又祠虎以為神。」

日本最早的歷史《古事記》中有很多神話情節類似苗族，比如兄妹成婚故事。又說天照大神被速須佐之男攻擊，躲藏不出，上天黑暗，眾神設計，召來長鳴鳥，也即公雞，叫出天照大神，天空又有光明。岡正雄指出，中國苗族、布朗族，印度阿薩姆的卡西族、納伽族也有類似傳說。

俄國學者 B. B. Parnickel 說這些神話流傳於菲律賓山地部族，可能是從臺灣遷來，也流傳在中印度門達語族民族 Bhils，可能源自南亞與南島民族，而後北傳。俄國學者李福清（Riftin）認為南亞語系與南島語系民族同源，門達語族屬南亞語系，所以印度的 Bhils 人有兄妹成婚傳說不是偶然。〔註5〕

根據最新的分子人類學檢測結果，南亞語系各族都是源自印度東北部的門達族（Munda），一路東遷，分布各地。我認為，布朗族、卡西族、納伽族正是南亞語系民族，阿薩姆的卡西族介於印度中部的比爾族與東南亞各族之間，南亞語系正是經過印度東部，東遷到中南半島。公雞叫出太陽的故事又是流傳在血緣親近的苗瑤語族與南亞語系民族中，很可能也是源自南亞語系、苗瑤語族在印度的共祖。說明日本的這個故事也源自中國南方的苗族，而不是南島語系民族。

根據最新分子人類學檢測，苗族和南亞語系的 Y 染色體屬於同一類型，所以扶南的國都是特牧城，〔註6〕也即虎城或大城。扶南人南遷很早，所以他們的老虎讀音保留了古音，現在高棉語的老虎還有一個讀音就是 thom，也即特牧。老聃的聃是透母談部 tham，正是苗語的虎 thom，證明老聃的本名聃就是虎。所以才被稱為李耳，《史記正義》引《神仙傳》說老聃又名伯陽，伯陽就是印度伊朗語的虎，普什圖語 prang 最接近。

然而這並不是說老聃一定是苗族，因為老聃從西南的獠人之地到中原，必經楚地，而楚國主體民族是苗族，所以也有可能被稱為聃。而且扶南（高棉）語的虎也是 thom，說明聃也可能是南亞語系語言的虎。

今武鳴壯語的虎是 kuk，龍州壯語是 luu，西雙版納是 sə。〔註7〕侗臺語系

〔註5〕〔俄〕李福清（B. L. Riftin）著、李明濱編選：《古典小說與傳說》，北京：中華書局，2003 年，第 189 頁。

〔註6〕《新唐書》卷二二二下《扶南傳》：「治特牧城，俄為真臘所併，益南徙那弗那城。」

〔註7〕李錦芳：《侗臺語言與文化》，民族出版社，2002 年，第 58 頁。

北部的仡央語支，有一支布央人南遷到滇東南，布央語的虎是 qa nau。〔註 8〕古代壯語的虎可能是 klu，接近布央語。也接近高棉語的 khla，是同源字。

三、老子族人北遷路線

老子的家鄉是厲（瀨），上古音是 lat，完全吻合彝語的老虎，而湖北的北部還有一個厲（賴）國，在今隨州。

這個國家很可能就是虎方，因為宋代在隨州出土的西周中方鼎銘文，記載周昭王南征虎方，中方鼎銘文：「唯王令南宮伐反虎方之年，王令中，先省南國，貫行，藝王居在夔膚真山，中乎歸生鳳於王，藝於寶彝。」

前人或以為虎方在酈道元《水經注》卷三十二《淝水》記載的死虎塘附近，在今安徽省壽縣，我認為不確，這個地名出現太晚，很可能源自死虎，不能證明這是西周時期的虎方所在地。

南陽還有虎夷，《左傳》哀公四年（前 491 年）：「楚人既克夷虎，乃謀北方。左司馬眅、申公壽余、葉公諸梁致蔡於負函，致方城之外於繒關。」繒關在今河南方城縣，夷虎是虎夷，保留越人的語序，虎夷即虎方。

楚國早在定公四年（前 508 年）圍蔡國（在今河南省上蔡），十四年（498年）滅頓國（在今河南省項城），十五年（前 497 年）滅胡國（在今河南省漯河）。直到消滅虎方，才能長驅中原。

湖北省隨州之北不遠的河南省唐河縣，還有廖國，《左傳》桓公十一年：「鄖人軍於蒲騷，將與隨、絞、州、蓼伐楚師。」

湖北鄖縣（2014 年改為十堰市鄖陽區）五峰鄉在 2001 年出土有揚子銘文的青銅器，孫啟康認為《左傳·文公十一年》的錫穴與漢晉時期的錫縣（在今陝西白河縣），源自漢水中游的揚越。〔註 9〕《史記·楚世家》：「當周夷王之時，王室微，諸侯或不朝，相伐。熊渠甚得江漢間民和，乃興兵伐庸、楊粵，至於鄂……乃立其長子康為句亶王，中子紅為鄂王，少子執疵為越章王，皆在江上楚蠻之地。」我認為鄖就是揚，揚越是越人。《漢書·地理志》南陽郡湖陽縣：「古廖國也。」廖、膠的聲旁相同，而讀音是 liao、jiao，證明其上古音是複輔音 glao，即仡佬。絞就是繞，讀音是 jiao、rao，證明其上古音的複輔音

〔註 8〕 李錦芳：《仡央語布央語語法標注話語材料集》，中央民族大學出版社，2011 年，第 690 頁。

〔註 9〕 孫啟康：《丹江口水庫庫區出土三起銅器銘文考釋——讀〈塵封的瑰寶〉覓王、侯之遺蹤》，《江漢考古》2008 年第 1 期。青銅器上的揚字，原從牛從易。

glao，蒲騷的讀音非常接近巴人的祖先務相，可能源自巴人。

老子一族很可能是從巴地北遷的獠人，因為周武王伐商時，就有巴人衝鋒陷陣，《後漢書·南蠻列傳》：「天性勁勇，初為漢前鋒，數陷陳。俗喜歌舞，高祖觀之，曰此武王伐紂之歌也。乃命樂人習之，所謂《巴渝舞》也。」《尚書·牧誓》記載周武王伐商時，有庸、蜀、羌、髳、微、盧、彭、濮人，庸在今湖北省竹山，盧在今襄樊，彭是房（今湖北房縣），髳是苗族，濮人也在漢水中游，則巴人很可能也在漢水流域。漢水流域的民族很多，李斯《諫逐客書》：「南取漢中，包九夷。」

巴國靠近濮、楚、鄧，應該也在漢水之北，《左傳》桓公七年（前 705 年），周朝詹桓伯說：「及武王克商……巴、濮、楚、鄧，吾南土也。」九年：「巴子使韓服告於楚，請與鄧為好。」

莊公十六年（前 678 年）記載，楚文王與巴人伐申。文公十六年（前 611 年）記載，楚與秦、巴滅庸。鄧在今湖北省襄樊北部，商周之際的楚國還在今河南省南陽，申國在今南陽。哀公十八年（前 477 年）記載，巴人伐楚，圍鄾，鄾在今襄樊之北，證明巴國在其北。

南陽有甫國，《尚書》的《呂刑》，《禮記》、《史記》都寫成《甫刑》，《大雅·嵩高》：「維嶽降神，生甫及申。」呂姓出自四嶽，被封在甫地，所以呂就是甫。上古音的甫和巴讀音極近，父的上古音就讀作爸，爸是父的晚出俗字。

周人分封了姬姓巴國，靠近中原，很可能就在南陽，《左傳》昭公十三年（前 529 年）有楚國巴姬，出自此國。

巴人崇拜虎，《後漢書·南蠻傳》說：「巴郡南郡蠻，本有五姓：巴氏，樊氏，瞫氏，相氏，鄭氏。皆出於武落鍾離山。其山有赤黑二穴，巴氏之子生於赤穴，四姓之子皆生黑穴。未有君長，俱事鬼神，乃共擲劍於石穴，約能中者，奉以為君。巴氏子務相乃獨中之，眾皆歎。又令各乘土船，約能浮者，當以為君。余姓悉沈，唯務相獨浮。因共立之，是為廩君。乃乘土船，從夷水，至鹽陽。鹽水有神女……廩君伺其便，因射殺之，天乃開明。廩君於是君乎夷城，四姓皆臣之。廩君死，魂魄世為白虎。巴氏以虎飲人血，遂以人祠焉。」

今天土家族是巴人的子孫，土家族自稱畢茲卡，這個名字很難解釋，卡是指人，但畢茲不知由來。我認為畢茲卡最接近的比蘇，漢代比蘇縣在今雲

南省雲龍縣。今雲南最南部有一支畢蘇人（Bisu），就是南遷的比蘇人的子孫。

畢蘇人分布在猛海、瀾滄、孟連、西盟縣和泰國北部，自稱畢蘇或米蘇（Misu）、米畢蘇（Mbisu），猛海縣的畢蘇人又被稱為老品，另三縣的畢蘇人又被稱為老緬，歸入拉祜族。泰國境內的畢蘇人又被稱為 Lawa 或 Lua，畢蘇語和中國景洪的桑孔語、越南境內的貢語、老撾境內的普諾語構成彝語南部亞語支畢索分支。哈尼族自稱阿卡（Akha），卡也是指人。

比蘇縣在今雲龍縣，其北是普米族，東南是白族，而土家族、普米族、白族恰好都是崇拜白虎，而不像彝族、納西族、傈僳族崇拜的黑虎。〔註10〕

現代土家族的分子人類學檢測表明，土家族中保留土家語的龍山土家和永順土家最接近拉祜族，恩施土家接近苗族和北方漢族，吉首土家接近瑤族、白族和南方漢族。〔註11〕而畢蘇人正是歸入拉祜族，其次是彝族、納西族和基諾族，這就證明了巴人的統治者確實是來自比蘇人。這也證明了我上文的結論，廩君征服了很多苗瑤民族，形成了巴國。

據天文學家研究，土家族、白族、傈僳族、哈尼族、佤族原來也用彝族的十月曆，〔註12〕這也證明廩君出自西南。

巴人出自西南還有證明，《山海經·海內經》：「西南有巴國。大皞生咸鳥，咸鳥生乘釐，乘釐生後照，後照是始為巴人。」我認為，乘釐即鍾離，也即傣族的車里、貴州的且蘭。後照的照就是南詔的詔，指王。後是漢語的王，後照是合成詞。

陳寅恪指出，《晉書·苻堅載記下》說苻堅又被稱為苻詔，詔是王。我認為這正是因為苻堅原來是巴氏李特的部屬，氐族受到巴文化影響，不是直接來自雲南。因為《山海經》往往把邊疆民族說成是華夏子孫，所以出自太皞未必可信。現代土家族中確實有很高比例的華夏（Y-O3）成分，這可能是晚近融合。龍山、永順、恩施土家族中的百越（Y-O1）成分高達 20%、15.8%、12.9%，湘西土家族的百越成分較少。

板楯蠻七姓是羅、樸、昝、鄂、度、夕、龔，上文已經說過樸源自濮人，

〔註10〕楊和森：《圖騰層次論》，雲南人民出版社，1987 年。
〔註11〕謝選華、李輝、毛顯、文波、高蒙、金建中、盧大儒、金力：《土家族源流的遺傳學新探》，《遺傳學報》2004 年第 10 期。
〔註12〕陳久金：《中國少數民族天文學史》，中國科學技術出版社，2008 年，第 407～421 頁。

咎源自蠶叢，鄂、夕、龔可能是越人，鄂是越人，劉向《說苑·善說》記載春秋時期，鄂君子晳泛舟，有越人擁楫而歌，歌詞用漢字音譯越語。龔即西昌的邛人，共、工同音，疑《逸周書·王會》附錄的伊尹四方令的西南九菌即龔。春秋有羅國，在今湖北省宜城。

第八章　玄牝、太一和夷希微

我們說老子是西南人，還要從《老子》書中找證據，其實《老子》書中就有來自印度文化的因素。

一、玄牝是毗濕奴的化身黑牛

傳世本《老子》第 6 章說：

> 谷神不死，是謂玄牝。玄牝之門，是謂天根。綿綿若存，用之不勤。

雖然僅有 24 個字，但是這一段話是《老子》最重要的一段話。前人往往把玄牝解釋為女性或女性的生殖器，而沒有注意到牝的本義是母牛，如果我們把這一段話和印度教結合，就能解釋。

印度教有三大主神，即毗濕奴（Vichnu）、濕婆（Shiva）和梵天（Brahma）。梵天是創造之神，濕婆是毀滅之神，而毗濕奴是維持之神。毗濕奴有很多化身，其中一個是克里希那 Krishna，本義是黑 krshna，《摩訶婆羅多》第 6 篇《薄伽梵歌》說克里希那是一個牧牛人的保護神，既是放牛娃，又是降魔的神，有16000 個情人。

所以玄牝，就是黑牛，也即克里希那和毗濕奴。因為克里希那象徵男人無窮的性能力，所以說是天根。

所以傳說老子騎青牛西行，青牛就是黑牛，krshna 的意思是黑、暗、深藍色，即青色。

傳說有一次，因陀羅得罪了毗濕奴的分身陶爾梵撒斯（Durvasas），遭到詛咒，因陀羅諸神以下三界都因此失去活力，日漸枯槁。諸非天，也即阿修羅

（Asura）趁機攻打衰退的諸天。諸天兵敗，只好向大梵天求助，梵天推給毗濕奴，毗濕奴命他們將某種藥草投入大乳海，製造不死的甘露。他們開始一起攪動大海，首先從海裏攪出一隻香潔的牝牛，然後攪出了天女梵琉尼（Varuni），是為穀酒女神，然後出現了樂園大香樹。然後是月輪，大自在天取來作為額頭的裝飾，然後是一碗可以毀滅三界的毒露。然後是七頭長耳天馬，最終天醫川焰（Phanwantari）手托不死甘露出現。最後出現幸運與美的女神吉祥天（Laksmi），她日後成為妙毗天之妻。諸天歡欣鼓舞，被冷落在一旁的諸非天（阿修羅）則十分不快，其中一個從天醫手中搶走了不死甘露，妙毗天化為一個美女混入阿修羅，加以迷惑，趁機將不死藥奪回。諸天喝下了甘露，把阿修羅趕回地獄，因陀羅重回寶座，從此三界平安。

　　如果我們說玄牝是毗濕奴，還要論證毗濕奴是谷神，也即水神，下面即論證毗濕奴是水神。

　　毗濕奴的信仰很早就東傳，前人指出，緬甸古國驃國 1～4 世紀的都城名為毗濕奴城（今東敦枝鎮西），6～9 世紀的都城室利差呾羅（今卑謬東南），考古發現供奉毗濕奴妻子吉祥天女的廟宇。〔註1〕

二、毗濕奴是海

　　毗濕奴睡在海上，他的第一個化身是魚，第二個化身是龜，都是水神的象徵，所以我們自然要懷疑毗濕奴的原型就是大海。

　　毗濕奴的第一個化身是 Matsya 魚，令我們想到波斯人的主神阿胡拉馬茲達 Ahura Mazda，從讀音來看，Matsya 無疑就是 Mazda。而藏語的海是 mtsho，波斯語的海是 morze，馬爾代夫語是 mudu，讀音都很接近，也接近毗濕奴 Vishnu，所以毗濕奴的原型很可能就是大海。魚的波斯語是 masya，印地語是 mahi（摩羯的由來），毗濕奴的化身 Matsya 顯然就是魚。

　　所謂水能載舟，亦能覆舟，大海托起大地，滋潤萬物，但是也能帶來很多災難，所以毗濕奴是支持之神，集創造和毀滅力量的源泉於一身。

　　老子說：

> 道沖而用之，或不盈。淵兮，似萬物之宗（4）

> 上善若水，水善利萬物而不爭，處眾人之所惡，故幾於道（8）

〔註1〕〔緬〕貌丁昂著、賀聖達譯：《緬甸史》，雲南省東南亞研究所，1983 年。賀聖達：《緬甸史》，人民出版社，1992 年。

豫兮若冬涉川……渙兮若冰之將釋……混兮其若濁，澹兮其若海（15）

知其雄，守其雌，為天下谿……知其榮，守其辱，為天下谷（28）

譬道之在天下，猶川谷之於江海（32）

大國者下流，天下之交（61）

江海之所以能為百谷王者，以其善下之，故能為百谷王（66）

老子經常把道比作大海、江河、溪谷，又說大海是百川之王，莊子闡發為河伯見海若的故事。前人無法解釋海若的若字，我認為就是梵語的王 raja，讀音接近若。河伯對應海若，海若就是海王。

三、太一、太液是百越語的海

傳世本《老子》第25章：

有物混成，先天地生，寂兮寥兮，獨立而不改，周行而不殆，可以為天地母。吾不知其名，強字之曰道，強為之名曰大。

大曰逝，逝曰遠，遠曰反。故道大，天大，地大，人亦大。域中有四大，而人居其一焉。人法地，地法天，天法道，道法自然。

這個大就是太一，因為《呂氏春秋·大樂》說：「道也者，至精也，不可為形，不可為名，強為之名，謂之太一。」

太一是天地之母，太一孕育宇宙萬物的過程，湖北沙洋縣郭店村1號楚墓出土竹書《太一生水》有更詳細的論述：

太一生水，水反輔太一，是以成天。天反輔太一，是以成地。天地復相輔也，是以成神明。神明復相輔也，是以成陰陽。陰陽復相輔也，是以成四時。四時復相輔也，是以成冷熱。冷熱復相輔也，是以成濕燥。濕燥復相輔也，成歲而後止。故歲者，濕燥之所生也。濕燥者，寒熱之所生也。寒熱者，四時之所生也。四時者，陰陽之所生也。陰陽者，神明之所生也。神明者，天地之所生也。天地者，太一之所生也。是故太一藏於水，行於時。周而又始，以己為萬物母。一缺一盈，以己為萬物經。此天之所不能殺，地之所不能釐，陰陽之所不能成。君子知此之謂道也。天道貴弱，削成者以益生者。伐於強，責於堅，以輔柔弱。下，土也，而謂之地。上，氣也，而謂之天。道也其字也，青昏其名。以道從事者，必託其名，故事成而

身長。聖人之從事也，亦託其名，故功成而身不傷。天地名字並立，
故過其方，不思相當。天不足於西北，其下高以強。地不足於東南，
其上低以弱。不足於上者，有餘於下，不足於下者，有餘於上。

關於太一的名字，有學者解釋太為最，太一是最早的開始、最早的起點。我認為此說有所不妥，因為太一是道，道無所謂大小、早晚、遠近，道生出的天地萬物才有大小、早晚、遠近之分。

其實《太一生水》說得很清楚：「太一藏於水。」我認為太一的名字，就是源自大海，因為大海又名太液，《史記・封禪書》說越地的巫師勇之，建議建造建章宮：

其北治大池，漸臺高二十餘丈，命曰太液池，中有蓬萊、方丈、
瀛洲、壺梁，象海中神山龜魚之屬。其南有玉堂、璧門、大鳥之屬。
乃立神明臺、井幹樓，度五十丈，輦道相屬焉。

可見太液就是大海，而且是東南越人語言的大海。還有語言學的證據，世界所有語言體系中的大海，大概可以分為以下幾類：

1. 瀛洋類，包括古埃及語的 ym，阿拉美語的 yama，這一類的起源可能是很早，在印度轉變為陰間閻魔羅 yama，漢語對應的字是瀛、洋。我已經指出，瀛就是洋。〔註2〕

2. 太一類，包括蒙古語的達賴 dalai，波斯語的 darya，納瓦霍語的 tónttle，阿爾巴尼亞語的 det，棉蘭老語的 daat，泰語的 tálee，毛利語的 tai，希臘語的 thálassa，荷蘭語的 zee 等。涉及亞洲、大洋洲、歐洲的南島、侗臺、印歐、阿爾泰語系，還有美洲的語言，分布很廣。最接近太一的語言是棉蘭老島的 daat，因為一的上古音是影母質部 iet。棉蘭老語是南島語，《越絕書》所謂的東海外越就是東南海島上的南島民族，越地巫師勇之所說的太液（太一）也是來自東南沿海的百越語。

漢語中還有一個對應的字就是泰，上古音的大是定母月部 dat，泰是透母月部 that，讀音接近南島語的海洋 daat。泰字的下面就是水，原來表示大水，泰通太。《老子》第二十九章：「是以聖人去甚、去奢、去泰。」《國語・晉語八》：「恃其富寵，以泰於國。」泰都是自大的意思，莊子在《應帝王》提到有虞氏之前的泰氏，或許源自太一。

3. 海溟類，亞美尼亞語的 cov，挪威語的 hav，古撒克遜語的 holm，尼夫

赫語的 keřq、夏威夷語的 kai、泰米爾語的 katal 等。這一類分布也很廣，但是不是最早，是晚期智人遷徙到東方產生的新字。漢語對應的詞就是海溟，海溟是複輔音單詞 hm 的分化。海通晦，這一類字也是黑的同源字，黑墨也是複輔音單詞的分化。

4. 汪茫類，包括楚科奇語的 anqy，緬語的 annawa，南島語的 wasa，古代日語的 wata，朝鮮語的 bata，毛利語的 moana，拉丁語的 mara，拉科塔語的 ble，阿拉伯語的 bahr，意大利語 mare，馬爾代夫語的 mudu、藏語的 mtsho 等。

太一就是泰，就是大，大海是最廣闊，所以稱為泰。值得注意的是，突厥語的大海是 dengiz，即成吉思，顯然就是天 tengri 的同源字，也是因為大海和天一樣廣闊。

我們如果明白了太一、太液原來都是大海，就不難明白古人說太一生水的由來。古人清楚大海是世界上最大的水體，所以說太一生水。因此毗濕奴原來也是大海，因此道家的創世說和印度教的傳世說一致。

四、夷希微與自在天 ishvara

傳世本《老子》第 14 章說：

> 視之不見名曰夷。聽之不聞名曰希。摶之不得名曰微。
> 此三者不可致詰，故混而為一。
> 其上不皦，其下不昧，繩繩不可名，復歸於無物。
> 是謂無狀之狀，無物之象，是謂惚恍。
> 迎之不見其首，隨之不見其後。
> 執古之道，以御今之有。能知古始，是謂道紀。

前人一般認為這是解釋道，看不到，聽不見，摸不著。因為這樣解釋，讓有些人感到很困惑，所以莊子一方面為了讓他們便於理解，一方面又調侃他們，才說道在。

讓人感到疑惑的是，老子非要說出夷、希、微這三個字，他可以不必說，或者用其他字。如果我們把夷、希、微，寫成 i、sh、v，合起來就是印度教的自在天 ishvara，字根 ish 指掌控者、統治者，vara 指優秀、美麗。所以我們看下文，才明白執、御、紀這三個字的意思，是執行、駕馭、綱紀，這正是 ishvara 的梵文本義。

老子是西南的獠人，他間接得知一些印度教的知識，但是因為上古交通非

第九章　藐姑射山源自中亞

　　老子和釋迦摩尼的生卒年非常接近，莊子比他們晚，所以莊子不僅有可能接受老子的思想，也有可能接受佛教的思想。莊子的思想中，有很多接近印歐文化或佛教的成分。

　　莊子也是宋國人，《史記‧老子韓非列傳》：「莊子者，蒙人也，名周。周嘗為蒙漆園吏，與梁惠王、齊宣王同時。其學無所不闚，然其要本歸於老子之言。故其著書十餘萬言，大抵率寓言也。」蒙在今商丘城北不遠的蒙牆寺村，《正義》引《括地志》云：「漆園故城在曹州冤句縣北十七里。」莊子的家鄉在南北之中，所以莊子能吸收四方的文化精華。

一、仰韶雙魚人像是西亞水神埃阿

　　陝西的西安半坡、臨潼姜寨、南鄭龍崗寺、寶雞北首嶺、西鄉何家灣等地出土的仰韶文化陶器上，常有一種被稱為人面魚紋的圖案，這是現在中國人都熟悉的著名圖案。其實此名不太確切，因為原圖是人面兩旁有魚紋，不是人面上紋有魚紋，也不是指神話中的人面魚，所以我稱為人首雙魚像。

　　關於這種人首雙魚圖案的解釋也是眾說紛紜，有魚圖騰崇拜、太陽崇拜、月亮崇拜、女陰象徵、生命象徵、巫師面具、嬰兒出身、裝飾說、捕魚說、紋面說等數十種說法。〔註1〕我認為這些說法都沒有發現問題的本質，此圖和日月絕不相關，也看不出捕魚的樣子。臉上沒有花紋，紋面無從說起。很少有民

〔註1〕 劉雲輝：《仰韶文化「魚紋」「人面魚紋」內含二十說述評──兼論「人面魚紋」為巫師面具形象說》，《文博》1990 年第 4 期。程金城：《遠古神韻：中國彩陶藝術論綱》，上海文化出版社，2001 年，第 139～146 頁。

族用魚來裝飾人首，裝飾說值得懷疑。人面沒有遮蓋，面具說不能成立。圖騰說遭到蔣書慶的批判，他又提出陰陽說，把人面釋為太陽，把全圖釋為晝夜交替。〔註2〕問題是這些人面幾乎全是閉眼，沒有目光，不可能是太陽的象徵。嚴文明指出，仰韶文化早期的人面紋神情嚴肅，晚期則變為活潑。〔註3〕其實就是指早期基本閉眼，早期的半坡人面全部閉眼，姜寨僅有一件睜眼。另有一件出自南鄭龍崗寺，睜眼、閉眼交錯。西鄉何家灣所出人面，有的睜眼，有的閉眼。南鄭、西鄉在漢水流域，距離關中較遠，應是訛變。

我們探尋人首雙魚像的西亞來源，可以先從其尖帽入手。我們在史書中找不到任何證據表明華夏族使用尖帽，但是這種尖帽在中國西北游牧民族及中亞、西亞的民族之中最為常見。所以要破解人首雙魚像，亞洲內陸的尖帽是關鍵。

邢義田的研究表明，孔子說戎狄被髮左衽形象有其來源，但春秋戰國到秦漢時期，胡人更多以尖帽的形象出現在中國漢地的圖像中，如甘肅省博物館藏一件春秋骨管，上有線刻的尖帽胡人射獵圖，甘肅張家川縣馬家原戰國墓出土一件尖帽胡人塑像，燕下都戰國墓出土尖帽雙人陶盤，臨淄桓公臺出土有尖帽胡人騎馬紋瓦當。〔註4〕

甘肅博物館藏射獵紋骨管、臨淄齊國胡人騎馬瓦當、燕下都出土雙人陶盤

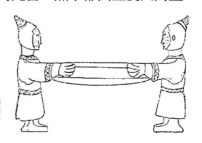

燕下都戰國墓出土了典型草原民族風格的金牌，上有格里芬（雪豹）和翻轉後蹄的鹿角馬，還出土了尖帽雙人陶盤。

我認為尖帽是塞人最典型的服飾，這個陶盤很可能就是漢武帝承露盤的

〔註2〕蔣書慶：《破譯天書：遠古彩陶花紋揭秘》，上海文化出版社，2001年，第57～60頁。

〔註3〕嚴文明：《半坡類型彩陶的分析》，《仰韶文化研究》，文物出版社，2009年，第320～349頁。本書的人首雙魚像採自此文。

〔註4〕邢義田：《古代中國及歐亞文獻、圖像與考古資料中的「胡人」外貌》，《畫為心聲：畫像石、畫像磚與壁畫》，北京：中華書局，2011年，第197～314頁。

原型，源自塞人的不死甘露神話。《漢書・郊祀志》：「其後又作柏梁、銅柱、承露仙人掌之屬矣。」顏師古注引《三輔故事》：「建章宮承露盤，高二十丈，大七圍，以銅為之，上有仙人墩承露，和玉屑飲之。」塞人的不死甘露來自植物 Homa，不是來自天上，被漢人誤傳。

　　1980 年陝西周原的西周遺址出土了兩件蚌雕人頭像，頭戴尖帽，可惜帽尖被切去，但是在橫切面上刻有一個類似漢字巫字的符號。尹盛平指出這是中亞的塞人，水濤進一步搜集了中亞的尖帽塞人畫像，新疆呼圖壁縣康家石門子岩畫有尖帽人像，阿姆河流域出土西元前 500 年的波斯金銀尖帽人像，新疆新源縣出土西元前 400～200 年的尖帽銅人像。新疆哈密、鄯善等地出土一些乾屍，就是身穿皮衣、皮褲、頭戴尖頂氈帽的印歐人。不過他認為周人不可能任用塞人巫師，周人和塞人的接觸不能由這兩件雕像證明。〔註5〕我認為周人在華夏邊緣，周人和戎狄文化交融很深，考古學界也認為先周文化中有戎狄文化，鄒衡就認為先周文化中有寺窪文化和辛店文化有共同因素，〔註6〕當時還沒有春秋以後才出現的儒家所謂華夷之辨，所以周人很有可能任用塞人巫師。

周原出土蚌雕胡人巫字頭像、新疆呼圖壁縣康家石門子岩畫尖帽胡人像

〔註5〕　水濤：《從周原出土蚌雕人頭像看塞人東進諸問題》，《中國西北地區青銅時代考古論集》，科學出版社，2001 年，第 62～67 頁。
〔註6〕　鄒衡：《論先周文化》，《夏商周考古學論文集》，科學出版社，2001 年，第 315～323 頁。

　　饒宗頤指出這種巫字符號源自西元前 5500 年伊拉克北部的哈拉夫（Halaf）遺址，在陶器和女神像的肩膀都有這種符號。這種符號還流行於西亞、中亞、南亞及中國西北的很多地方，比如馬家窯文化和齊家文化彩陶就有很多這種符號，也見於內蒙古敖漢旗石棚山的小河沿文化陶器。這種符號發展為佛教的卍符，因為其原來就是一種宗教符號。〔註7〕

西亞哈拉夫遺址女神像、陶器上的巫字、青海柳灣陶器上的卍符

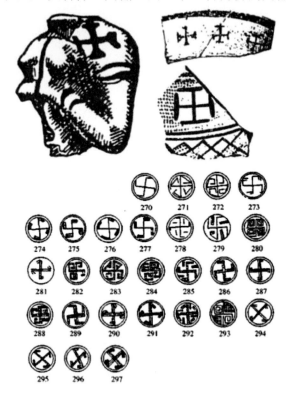

　　美國學者梅維恒（Victor H. Mair）提出周原的白種人像來自中亞的安德羅沃諾（Andronovo）文化，這種文化西到烏拉爾山，東到貝加爾湖，出現於西元前 1800～1500 年，族屬是印歐人。他還提出漢語的巫字、武字的上古音為 Myag，來自原始印歐語的 magh-，意思是有力，也即現代語言 magic 的由來。〔註8〕

〔註7〕饒宗頤：《符號・初文與字母──漢字樹》，上海書店出版社，2000 年，第 83
　　　　～98 頁。
〔註8〕〔美〕梅維恒：《古代漢語巫（Myag）、古波斯語 Maguš 和英語 Magician》，夏
　　　　含夷主編：《遠方時習──〈古代中國〉精選集》，上海古籍出版社，2008 年，
　　　　第 55～86 頁。

西元前 641～640 年的亞述資料把中亞的游牧人稱為 Sakas，漢譯為塞人，波斯大流士一世（前 521～486 年）的納克希·魯斯坦的銘文，列舉了三種塞人：

1. 飲豪麻汁的塞人（Sakā Haumavargā），住在費爾干納盆地

2. 戴尖帽的塞人（Sakā Tigraxaudā），住在錫爾河以北地區

3. 海那邊的塞人（Sakā Tayaiyparadraya），即歐洲塞人（斯基泰人）。希羅多德說波斯人把所有斯基泰人稱為塞人，但是希臘人只把南俄和中亞的游牧人稱為斯基泰人。〔註9〕現代學術界，一般把中亞北部和新疆的游牧人稱為塞人，以區別黑海草原的斯基泰人和鹹海地區的馬薩吉特人。西元前 519 年，大流士一世俘獲了尖帽塞人的首領昆哈（Skunha），貝希斯頓（Behistun）石雕有九名俘虜站在大流士前面，最後一個戴尖帽的就是昆哈。

大流士一世及其俘虜圖

劉莉把尖帽民族東來的時間追溯到新石器時代，她列舉出陝西安康、臨潼、扶風、新疆、土庫曼斯坦出土的尖帽人像，還提出彩陶的人首雙魚像其實就是來自中亞的尖帽人像。〔註10〕這個觀點非常合理，可惜她僅僅追到中亞，而且例子都比較晚，我發現了人首雙魚像的真正來源是更遠的西亞。

〔註9〕〔法〕哈爾馬塔主編、徐文堪、芮傳明譯：《中亞文明史》第二卷，中國對外翻譯出版公司，2002 年，第4～5 頁。

〔註10〕劉莉：《中國新石器時代：邁向早期國家之路》，文物出版社，2007 年，第84～85 頁。劉莉的著作在 2007 年譯為中文，外文原版出版於 2004 年。我曾經在 2004 年的本科課程論文提出這一觀點，當時還不可能看到劉著。

陝西和中亞發現的陶塑人像及帽子〔註11〕

1. 安康劉家河，2. 臨潼鄧家莊，3～6. 扶風案板，7. 扶風降西村，8. 扶風周原，9～11. 新疆，12. 土庫曼斯坦 Kara-Depe，13. 土庫曼斯坦 Geoksyur

　　仰韶文化陶器上的人首尖帽源頭在西亞，我在西亞的遠古文明中發現了與仰韶文化人首雙魚像幾乎完全一致的神像，倫敦的不列顛博物館收藏的一枚阿卡德時期的圓柱印章畫出了水神埃阿、太陽神沙馬什和金星女神伊絲塔爾，左數第三人就是水神埃阿（Ea），兩肩有泉水流出，兩肩的泉水中還有兩群魚。據說兩道泉水象徵幼發拉底河和底格里斯河，不知此說是否出自後人附會。

　　西亞的水神埃阿肩頭的泉水有魚群，如果只截取頭部和肩部，那麼肩部就有兩條魚，就是仰韶文化的人首雙魚像。仰韶文化的人面是扁平的圓臉，顯然是東亞的蒙古人種特徵，這是對西亞圖像的改造。多數仰韶文化的人首雙魚像已經變形，或是把翹起的帽沿也畫出雙魚，或是把肩部的雙魚抽象化，這是因為中國遠離西亞和中亞，遠距離傳播使得原有的神像變形。

〔註11〕本圖引自劉莉：《中國新石器時代：邁向早期國家之路》，第83頁。

西亞阿卡德時期的綠石印章〔註12〕

西亞的尖帽水神埃阿雙肩有魚和仰韶文化的人首雙魚完全一致

德國弗萊堡大學基督教聖經研究所收藏的另一塊阿卡德時期的印章上畫出了三位神來拜訪水神埃阿，最左邊的是埃阿，肩上的兩道泉水和水中的魚群非常顯著。〔註13〕這些神像尖帽周圍的棱角很長，而且這種尖帽周圍的鋸齒其實是對尖帽棱的簡化，而其原形見於西亞。西亞的類似神像年代比中國的仰韶文化早，西亞的神像有體系，但是在中國則找不到這種體系，從這三點來看，仰韶文化的神像一定來自西亞和中亞，很可能就是水神埃阿。因為他是下界的水神，所以瞑目，象徵冥界。埃阿在西亞都是睜眼，但是到了中國變成閉眼，說明中國人知曉這個神是冥神。所以埃阿神像從西亞傳入東土，不是僅有物資交流，也有民族間的知識傳播，或許還有西亞人或中亞人到達關中。但是半坡類型晚期的人首雙魚像已經嚴重訛變，說明即使有西亞

〔註12〕安東‧穆爾特卡、伊薩‧蘇勒曼著、周順賢、袁義芬、朱一飛譯：《古代伊拉克藝術》，南京大學出版社，2010年，第114頁。
〔註13〕〔英〕戴維‧羅爾：《傳說：文明的起源》，作家出版社，2000年，第183頁。

文化傳入中國，也很快面目全非。

阿卡德時期的水神埃阿，最早來自蘇美爾早期城邦埃里都（Eridu），原來是埃里都的守護神恩奇（Enki），後來擴展到西亞各地，成為水神。埃里都是蘇美爾城邦之中最南面的一座，在波斯灣的濕地，因此恩奇成為水神可能源自此地環境。埃里都城始於西元前 5400 年之前，比中國的仰韶文化早。阿卡德人的尖冠常見於西亞和中亞，但是不見於中原，所以恩奇神應該是從西亞傳入中國的。傳說埃里都是蘇美爾最早的城市，出現了最早的王權。考古學證明這是蘇美爾人最早的城市，所以恩奇的神廟也是世界上最早的城邦神廟。新生的祭司們不僅把宗教傳播到西亞各地，還遠達中國。

蘇美爾語的 en 是最高祭司，而 ki 是大地，所以 Enki 的意思是大地之王。恩奇在蘇美爾諸神中位列第三，是文明的創造者。恩奇也是冥界之神，稱為阿普斯（Apzu）即冥界。Ap 的意思是深淵，zu 的意思是水，apzu 的意思是水的深淵。恩奇在埃里都的神廟稱為 E-abzu。考古學家在埃里都的神廟發現大量魚骨，推測可能是獻給恩奇的祭品。

埃里都最早的國王烏安（Uan），又名阿達帕（Adapa），是半魚半人的形象，這和埃里都的環境有關。英國學者戴維·羅爾認為阿達帕就是亞當（Adam）的原型，我認為非常合理。他又認為基督教的耶和華（Yahweh）來自埃阿，讀音和地位近似，而且《出埃及記》上帝回答摩西說：「Eyha asher Eyha。」即我即 Eyah，此名即出自埃阿。基督教很多傳說都源自遠古的蘇美爾，傳說恩奇的肋骨傳造出了女神寧蒂（Ninti），這就是亞當的肋骨創造出夏娃的故事的由來。〔註14〕

二、藐姑射山的白種仙人是塞人

莊子在《逍遙遊》說：

> 藐姑射之山，有神人居焉，肌膚若冰雪，淖約若處子。不食五穀，吸風飲露。乘雲氣，御飛龍，而遊乎四海之外。其神凝，使物不疵癘而年穀熟。吾以是狂而不信也……堯治天下之民，平海內之政。往見四子藐姑射之山，汾水之陽，窅然喪其天下焉。

前人往往以為這是莊子編造或以訛傳訛的故事，其實這個故事就像莊子講述的很多故事一樣，雖然經過莊子的闡發，但是原來有確切依據。藐姑射山

〔註14〕〔英〕戴維·羅爾：《傳說：文明的起源》，第 207 頁。

在汾水之北，很可能是戎狄之地。因為晉國初封在汾水之南，尚且處在戎狄之中。〔註15〕所謂肌膚若冰雪，其實就是白種人。不食五穀，吸風飲露，無疑是印歐巫師的毫麻露。前人未曾發現《呂氏春秋》卷十四《本味》說：「和之美者⋯⋯大夏之鹽，宰揭之露，其色如玉。」大夏即吐火羅，上古音的宰揭是tsə-khiat，接近Saka，所謂宰揭之露，很可能是塞人飲用的毫麻汁。

再看藐姑射的上古音是miô-ka-yak，《山海經・東次二經》有姑射山、北姑射山、南姑射山，《東次四經》有胡射山，胡的讀音非常接近姑，姑射山在今山東棗莊，胡射山在今山東日照。

藐姑射山的名字，應該分成藐和姑射，姑射的上古音非常接近哈薩克Kazakh、Qazaq，我已經指出這個字的本義是草原。藐很可能源自原始印歐語的山mont，現在英語的山是mountain，法語仍然是mont，對應的漢語詞彙是芒碭。〔註16〕上古的中亞草原是波斯語的塞人之地，正是有不死的甘露。藐也可能源自印歐語的巫，藐姑射山的原義是草原巫師的山。

藐姑射山的仙人，不食五穀，就是道教辟穀的由來。值得注意的是，《淮南子・齊俗》：「今夫王喬、赤誦子，吹嘔呼吸，吐故內新，遺形去智，抱素反真，以遊玄眇，上通雲天。」注：「赤誦子，上谷人也。病癩入山，導引輕舉。」赤松子是上谷人，上谷在今河北張家口，原來是邊塞戎狄之地。赤松的讀音接近朝鮮、肅慎，顯然是游牧民族。

辟穀術顯然源自農業不發達地域，北方民族因為多吃乳肉，能保證充足營養，所以特別容易產生辟穀術。《史記・蘇秦列傳》記載蘇秦論燕國：「北有棗栗之利，民雖不佃作而足於棗栗矣，此所謂天府者也。」《貨殖列傳》：「中山地薄人眾，猶有沙丘紂淫地餘民，民俗懁急，仰機利而食⋯⋯夫燕亦勃、碣之間一都會也。南通齊、趙，東北邊胡。上谷至遼東，地踔遠，人民希，數被寇，大與趙、代俗相類，而民雕捍少慮，有魚鹽棗栗之饒。北鄰烏桓、夫餘，東綰穢、貉、朝鮮、真番之利。」燕趙北部是戎狄游牧之地，農業不發達，所以不以穀物為主食。

劉向《列仙傳》第三個人是馬師皇：「黃帝時馬醫也。知馬形生死之診，

〔註15〕《左傳・昭公十五年》說：「晉居深山，戎狄之與鄰，而遠於王室，王靈不及，拜戎不暇。」

〔註16〕西漢揚雄《方言》卷十三：「冢，秦晉之間謂之墳，或謂之培。」《山海經》稱大山為冢，墳biuən、培buə的上古音接近mont，也是同源字。

治之輒愈。」顯然是來自北方民族，第四個人：「赤將子輿者，黃帝時人。不食五穀，而百草花。至堯帝時，為木工。」我認為，赤將的上古音 tɕhyak-tsiang 非常接近塞西安 Scythian，很可能是塞西安人，所以工藝高超。塞西安和粟特是同源民族，讀音接近。《列仙傳》前四個人都來自西北，此書或許有一個更古老的底本。第五個人是黃帝，第六個人是容成子，來自山東榮成，則劉向的古本很可能來自燕、齊。

三、肩吾即康居

莊子講述藐姑射山的故事，源自肩吾，原文是肩吾問於連叔曰：「吾聞言於接輿，大而無當，往而不返。吾驚怖其言，猶河漢而無極也，大有徑庭，不近人情焉。」又在《大宗師》鋪排：「狶韋氏得之，以挈天地。伏戲氏得之，以襲氣母。維鬥得之，終古不忒。日月得之，終古不息。勘壞得之，以襲崑崙。馮夷得之，以遊大川。肩吾得之，以處大山。黃帝得之，以登雲天。顓頊得之，以處玄宮。禺強得之，立乎北極。西王母得之，坐乎少廣，莫知其始，莫知其終。彭祖得之，上及有虞，下及及五伯。傅說得之，以相武丁，奄有天下，乘東維、騎箕尾而比於列星。」

其中絕大多數人物可以理解，唯獨肩吾，似乎名不見經傳，難以解釋。古人就難以解釋，往往解釋為古代得道之人，甚至解釋為賢人。

其實肩吾的上古音是 kian-nga，讀音非常接近中亞的波斯語粟特民族康居，康居的上古音是 kang-ka，讀音接近。《史記‧大宛列傳》：「康居在大宛西北可二千里，行國，與月氏大同俗。控弦者八九萬人。」《唐會要》卷七二：「康國馬，康居國也。是大宛馬種。形容極大……康曷利馬。」松田壽男指出，康曷利即康居，對應東羅馬皇帝康斯坦丁所說 kangar 部，突厥魯尼文碑作 kangara，唐代的弓月部在今伊犁。康里是突厥語的車 kangli。

藐姑射山的故事源自肩吾，也即康居，證明藐姑射山確實是在中亞草原的塞人之地。

四、從伊朗到長安的羽人

1966 年，西安未央區南玉豐村南部的西漢窖藏出土了一件青銅羽人，南距未央宮北牆約五米，現藏在西安博物院，這件羽人的臉部特徵明顯是胡人的形象，他的服飾也很特殊。

西安出土漢代羽人

伊朗羽人銀像

　　看了日本美秀博物館收藏的公元前 3000 到 2000 年前的伊朗鎏金羽人銀像，〔註17〕我們才能知道漢代的這件羽人其實是源自伊朗。造型非常類似，伊朗的羽人像是鳥爪，翅膀更寬大，這些都是源自印歐人的宗教。傳到漢地，翅膀縮小了，手也改成了人手，不過耳朵和顴骨更誇張，或許是突出胡人的相貌。伊朗羽人形象可以追溯到公元前 2000 年前的傑羅夫特（Jiroft）文化，美秀博物館另有一件類似的金像，頭上是牛角，證明鎏金羽人銀像很可能也是傑羅夫特文化物品。在中亞的巴克特里亞—馬爾吉亞娜考古文化（BMAC）銅印章上也有羽人形象，有的還是鳥頭，有人認為代表獸主。美國大都會博物館收藏的一件銅斧禮器是在巴克特里亞出土，有鳥頭英雄在和猛獸搏鬥。

　　羽人造像的西來可以證明我的觀點，道教的仙人觀點源自西域的印歐人。1987 年，洛陽東郊出土了一件非常類似的羽人銅像，不同的是手中握有一方一圓兩個器物，不知其詳。不知西域的羽人最初是否也在手中握有器物，還是漢人在後世的添加。倫敦戴迪野行收藏有一件漢代手捧花形盆的羽人，據說這件器物還有三個配件，是可以組裝在盆中的燈座。

〔註17〕圖片來自 GiaVincent 和解印人桑托的新浪微博。

洛陽出土東漢羽人像、倫敦戴迪野行漢代羽人像

四川新津漢畫石羽人

意大利前 5 世紀的伊特魯里亞的青銅武士像，耳朵高豎，非常類似漢代的青銅羽人鄉的耳朵。法國吉美博物館藏有一件漢代的鎏金當盧，中間是一個羽人，渾身有長毛，耳朵也是高聳。

五、從伊朗到長安的博山爐

蓋蒂別墅博物館所藏公元前 500 到 474 年的勝利女神 Nike 女神像，出自南意大利的希臘殖民地。女神的背部有翅膀，頭上是香爐，很像漢代產生的博山爐。有學者認為漢代的博山爐，是受到伊朗阿契美尼德王朝的香爐影響才產生，造型類似。〔註18〕因為中東獨特的環境，出產很多香料，所以產生最早的香爐，向東西兩方傳播，所以希臘和東方的香爐都是源自中東。1995 年湖南永州鷦子嶺 2 號墓出土的西漢人形柄鳥獸紋博山爐，頂上有鳥，底座是神獸。

〔註18〕sergio1968 在 2021 年 10 月 5 日的新浪微博。

永州靠近漢代最大的海港合浦，很可能來自廣西。前人解釋博山爐為山峰造型，其實博山爐上面的山峰形象在西亞是花瓣形象。因為漢字的山、仙相通，所以東方的博山爐逐漸演化為山峰形。博山的讀音和波斯人 Persian 的讀音近似，所以博山很可能源自波斯，博山難以用漢字解釋。如果博山是 Persian，則一定是北方人翻譯，因為博的上古音是 bak，北方人的博讀音接近 per。

蓋蒂別墅博物館所藏希臘女神、永州出土西漢香爐

鄭州市博物館藏有禹州崔張墓地所出的東漢博山爐，仍然是兩重花瓣形而不是山形，更奇特的是上面是羽人，現在已經殘缺，下方的燈座是野獸環繞，保持西域風格。美國北卡羅萊納大學的阿克蘭（Ackland）博物館藏有一件東漢或魏晉的綠釉博山爐，上面是蓮花形，頂部有鳥。這些接近西亞風格的博山爐在東漢以後出現，可能是因為此時來到東方的西方人較多。

伊朗國家博物館所藏波斯波利斯的波斯王宮浮雕，米底武士覲見阿爾塔薛西斯（Artaxerxes），旁邊的香爐頂上有鳥。土耳其 Uşak 烏薩克考古博物館所藏薩姆松省的 Ikiztepe 遺址所出呂底亞銀香爐，頂上是雞。德國所藏的一件刻有呂底亞銘文 Artimas 的波斯銀香爐，頂上有鳥。河南省博物院所藏的東漢博山爐，上面有鳥，下方支柱是一個長須老人，還有雙翅，應該是西域仙人形象。最下面的底座是有翼獅子，完全是西域風格。

梅尼爾（Menil Collection）收藏博物館所藏前 6～5 世紀的波斯阿契美尼德王朝銀爐，頂上有鳥，下面有三匹馬的支架，這和陝西興平茂陵東側從葬坑所出的西漢鎏金銀竹節薰香爐非常類似，只不過三匹馬的支架被改成三條龍。

爐蓋口有銘文：「內者未央尚臥金黃塗竹節薰爐一具，並重十斤十二兩，四年內官造，五年十月輸第初三。」底座有銘文：「內者未央尚臥金黃塗竹節薰爐一具，並重十一斤，四年寺工造，五年十月輸第初四。」同墓出土的銅器有銘文「陽信家」，可知這件香爐是漢武帝未央宮物品，建元五年（前 136 年）賜給陽信長公主及其丈夫大將軍衛青。

梅尼爾博物館藏波斯香爐、陝西興平出土西漢香爐、東漢仙人香爐

六、麻姑、蘑菇源自巫師 magus

麻姑的上古音是 maka，也是源自印歐語的巫，上古波斯拜火教（祆教）的祭司是 magi／magus，米底人六個部落之一以此為名，這個部落擅長方術。唐代翻譯為穆護，《舊唐書》卷十八《武宗紀》記載唐武宗滅佛時也禁止三夷教：「勒大秦穆護、祆三千餘人還俗，不雜中華之風。」穆護就是祆教的祭司，大秦原來特製東羅馬，此處泛指地中海東部。

麻姑就是女巫，麻姑來自河北，靠近草原。《魏書》卷一百六上《地形志上》滄州浮陽郡章武縣：「大家姑祠，俗云海神，或云麻姑神。」章武縣在今河北黃驊，北宋樂史《太平寰宇記》卷六五滄州：「麻姑城，《郡國志》云，即漢武帝東巡，至此祀麻姑，故有此名。」《神仙傳》說麻姑已見東海三為桑田，此處的東海應是渤海。此說也不是亂編，因為西漢發生海侵，此處海岸線常有變化，所以有東海三為桑田之說。

　　現在麻姑的信仰仍然主要分布在河北省和山東省，比如山東省沾化縣有麻姑庵，海陽市有麻姑島，萊陽市有麻姑頂，濰坊市昌邑區有麻姑莊，諸城市有麻姑館、麻姑店子兩個村，河北省秦皇島市撫寧區有麻姑營。有人提出麻姑很可能是胡人，因為早期很多麻姑像的外貌和服飾都很像胡人。這個觀點和我的考證不謀而合，早期的麻姑像很可能有據可依。

　　蘑菇很可能也是源自魔力，讀音非常接近巫、magh、麻姑。因為很多蘑菇有毒，使人產生幻覺，所以古代的巫師往往食用蘑菇，現在每年都有大量的人中毒甚至是為追求幻覺而故意食用。〔註19〕

　　班固《漢書‧藝文志》末尾的方技三十六家，第四類是神仙十家，其中有《黃帝雜子芝菌十八卷》，十八卷在當時已經是很厚的書了，證明方士非常重視蘑菇，顯然是作為致幻的藥物。藥字的下面是樂，藥不僅是治療病患，最初的作用是使巫師快樂、癲狂。

　　古代人用麻胡來恐嚇兒童，麻胡的由來，有後趙胡人麻秋和隋代麻祜兩種說法，《太平廣記》卷二六七引唐代張鷟《朝野僉載》：「後趙石勒將麻秋者，太原胡人也，植性虓險鴆毒。有兒啼，母輒恐之麻胡來，啼聲絕。至今以為故事。」唐代顏師古《隋遺錄上》：「（隋煬帝）命雲屯將軍麻叔謀，濬黃河入汴堤，使勝巨艦。叔謀銜命，甚酷……至今兒啼，聞人言麻胡來，即止。其訛言畏人皆若是。」唐代李匡乂《資暇集》卷下：「俗怖嬰兒曰麻胡來，不知其源者，以為多髯之神而驗刺者，非也。隋將軍麻祜，性酷虐，煬帝令開汴河，威稜既盛，至稚童望風而畏，互相恐嚇曰：麻祜來！稚童語不正，轉祜為胡。」麻秋和麻祜的影響力不大，所謂源自這兩個人的說法應該是牽強附會。所謂多髯之神，顯然是胡人，我認為麻胡很可能就是穆護的訛誤。

　　柏高的讀音也很接近，《山海經‧海內經》：「流沙之東，黑水之間，有山名不死之山。華山青水之東，有山名肇山，有人名曰柏高。柏高上下於此，至於天。」上古音的柏高是 bak-kao，其實是 bakao，也很接近印歐語巫師 magh，柏高能上下天地，也是巫師。還有不死之山，地處西北流沙、黑水（阿姆河）之地，說明也是塞人。《莊子‧則陽》：「柏矩學於老耼。」柏矩顯然就是柏高，上古音的矩是見母魚部 gia，讀音接近。

　　也即靈山，《大荒西經》：「大荒之中，有山名曰豐沮、玉門，日月所入。

<hr>

〔註19〕蘑菇的別名菌，源自其形式囷（糧倉）。蘑菇的別名蕈源自覃，覃和潭、深、濕等字同源，源自蘑菇主要生長在陰濕之地。

有靈山，巫咸、巫即、巫盼、巫彭、巫姑、巫真、巫禮、巫抵、巫謝、巫羅十巫，從此升降，百藥爰在。有西王母之山。」西王母在今新疆西南部到中亞一帶，本是塞人女王。

所謂玉門，也很有趣，玉門關靠近敦煌莫高窟，莫高之名，前人皆未得其本源，我以為莫高即柏高，上古音莫高 mak-gao，接近柏高 bak-kao，更接近印歐語巫師 magh-。所以莫高窟所在地，本是塞人祭祀之地，為和尚改造為佛窟，敦煌、玉門本是塞人東進之咽喉。

清初王一元《遼左見聞錄》：「遼左跳神，巫者持單皮長柄鼓，旁有數銅環，擊之則環聲索索然，與鼓角相應。家人拜跪庭下，祝詞皆用國語。二少婦豔妝麗服，拍手而舞，謂之蟒勢。」蟒勢的讀音接近巫師，顯然是同源字，北亞的原來用詞應該是薩滿。

第十章　莊子記載的中亞民族

　　莊子的書中不僅有來自南亞的文化因素，還有來自中亞的文化因素，證據非常充足。莊子的家鄉在華北大平原，地處南北之間，所以能夠吸取從南方和北方傳入的域外文化。

一、莊子轉述的粟特知識

　　實在沒想到《莊子》中竟然還有一長段描寫中亞阿姆河、錫爾河兩河之間粟特人 soghdiana 的內容。在《大宗師》中，南伯子葵問女偊，為什麼他年紀很大，面容還像少年。女偊講述養生道理，南伯子葵問他從何處得知，女偊說：

> 聞諸副墨之子，副墨之子聞諸洛誦之孫，洛誦之孫聞之瞻明，
> 瞻明聞之聶許，聶許聞之需役，需役聞之於謳，於謳聞之玄冥，玄
> 冥聞之參寥，參寥聞之疑始。

　　這是《莊子》中最長的轉述記載，結尾的玄冥、參寥、疑始，確實像莊子發揮出來的哲學名詞，但是開頭的副墨、洛誦、瞻明、聶許、需役、於謳，都不像是哲學名詞，而應該是真實存在的族名。

　　我認為這些都是中亞粟特人的族名，副墨顯然就是附墨，《漢書·西域傳》康居的五個小王，第二個是附墨王，治附墨城。或是米國 Māymurgh 的異譯，玄奘《大唐西域記》譯為弭秣賀國，音近附墨，在撒馬爾罕東南的山谷，murgh 是粟特語的山。

　　洛誦的上古音是 lak-song，顯然是粟特語的光明 roxšan，波斯語是 rowšan，馬其頓的亞歷山大大帝在中亞娶的粟特妻子就叫這個名字，安祿山的名字就

是源自這個字。〔註1〕白色的古希臘語是 leukós，瓦罕語是 ruxn，高加索的 Lezji 語是 lacu，都比較接近，其實也是現代英語 light 的同源字，也即五行西方神 蓐收 nok-su 的由來，西方對應白色。

聶許的上古音的 niap-xia，閩南語的許是 khɔ，聶許如果讀為 iap-khu，非 常接近突厥語的葉護 yabghu，《漢書・匈奴傳》記載匈奴、月氏都有翕侯，《史 記・大宛傳》、《漢書・西域傳》記載烏孫也有翕侯。

需役顯然就是粟弋，《晉書・西戎傳》：「康居國在大宛西北可二千里，與 粟弋、伊列鄰接。」粟弋即粟特，粟弋的語源是東方，玄奘《大唐西域記》卷 一總稱粟特人之地為窣利，前人或以為粟特和窣利是一個字。我認為粟特不是 窣利，窣利源自印歐語的太陽神 surya，意思是東方，粟特人之地因為在波斯 的東方而得名。而粟特 soghd 源自寒冷，圖瓦語是 sook，維吾爾語是 soghuq， 土耳其語是 soguk，柯爾克孜語是 suuk，烏茲別克語是 sovuq，波斯語是 sard。 粟特人所住的北方草原，冬天特別寒冷。

粟特又譯為少廣，《莊子・大宗師》：「西王母得之，坐乎少廣。」少廣即 soghdiana。又譯為粟廣，《山海經・大荒西經》：「有國名曰淑士，顓頊之子。 有神十人，名曰女媧之腸，化為神，處栗廣之野，橫道而處。」栗廣是粟廣的 形誤，即 soghdiana。我已指出，淑士是塞人 Sakas 音譯，女媧之腸是塞人的女 祖先，希羅多德《歷史》記載塞人傳說女祖先下半身是蛇，1868 年，扎博林 （I. E Zabelin）在烏克蘭梅利托波爾（Melitopol）的提姆巴爾卡（Tsimbalka） 墳冢發掘出一件金當盧，長 41.4 釐米，上有女神像，身體下方伸出十條蛇， 最下面的兩條勾連，〔註2〕類似漢代常見的伏羲、女媧雙蛇勾連圖。我認為《山 海經》原作者看到塞人的女祖先圖像，聯繫到漢人女祖先女媧圖像，誤以為那 十條蛇是從肚子裏散出的腸子。

於謳的上古音是 ia-o，非常接近印歐人的水神 aruna，印度婆羅門教經典 《梨俱吠陀》稱 varuna，西元前約 1380 年《米坦尼協約》稱 aruna。〔註3〕即 《山海經》的窫窳，《北山經》首篇少咸山：「有獸焉，其狀如牛，而赤身、人 面、馬足，名曰窫窳，其音如嬰兒，是食人。敦水出焉，東流注於雁門之水。」

〔註1〕蒲立本：《安祿山叛亂的背景》，中西書局，2018 年，第 17 頁。

〔註2〕馬健：《草原霸主──歐亞草原早期游牧民族興衰史》，商務印書館，2014 年。

〔註3〕林梅村：《古道西風：考古新發現所見中西文化交流》，北京：三聯書店，2000 年，第 10～12 頁。

郭璞注：「軋愈二音。」上古音的軋是影母月部，愈是以母侯部，軋愈的上古音 iat-jio 可對應 aruna，《海內南經》：「窫窳龍首，居弱水中……其狀如貙，龍首，食人。」《海內西經》：「窫窳者，蛇身人面。」

　　因為於謳（窫窳）是水神，所以下文提到玄冥。莊子列舉了很多中亞的族名，最終追溯知識源頭在印歐人的水神，可見莊子思想深受塞人長生不老思想的影響，印證了藐姑射山的塞人不死之露。

二、混沌、帝鴻和瑣羅亞斯德教

　　莊子有著名的穿鑿混沌故事，《應帝王》：「南海之帝為儵，北海之帝為忽，中央之帝為渾沌。儵與忽時相遇於渾沌之地，渾沌待之甚善。儵與忽謀報渾沌之德，曰：『人皆有七竅，以視聽食息，此獨無有，嘗試鑿之。』日鑿一竅，七日而渾沌死。」

　　又在《天地》假託孔子說：「彼假修渾沌氏之術者也。識其一，不知其二；治其內，而不治其外。夫明白入素，無為復樸，體性抱神，以遊世俗之間者，汝將固驚邪？且渾沌氏之術，予與汝何足以識之哉！」

混沌即渾敦，《左傳》文公十八年：「昔帝鴻氏有不才子，掩義隱賊，好行兇德，醜類惡物，頑囂不友，是與比周，天下之民謂之渾敦。」

帝鴻氏之子是渾敦，《山海經》有佐證，《西次三經》西段的天山，已在阿富汗境內。天山有神，狀如黃囊，赤如丹火，六足四翼，渾敦無面目，是識歌舞，實為帝江。帝江即帝鴻，我認為，帝江（帝鴻）是瑣羅亞斯德教（拜火教，Zoroastrianism）的火壇。因為火壇的下面一般都有三頭駱駝，旁邊是兩個神鳥，所以是六足四翼，這是西域圖像傳入中原，被人誤解。〔註4〕

因為渾敦是中亞民族，所以被稱為醜類，也就是相貌差異很大。渾敦、帝鴻都是源自音譯，原義不是混沌。莊子借題發揮，所謂混沌是返璞歸真。雖然如此，中亞傳入的宗教仍然對莊子有很大啟發，不能因為莊子借題發揮就否定這些異域文化的重要作用。

三、妸荷甘是柯爾克孜巫師

莊子還有一個奇怪的人名，叫妸荷甘，《知北遊》：「妸荷甘與神農同學於老龍吉。神農隱几，闔戶晝瞑。妸荷甘，日中奓戶而入，曰：『老龍死矣！』神農隱几擁杖而起，嚗然放杖而笑，曰：『天知予僻陋慢訑，故棄予而死。已矣夫子！無所發予之狂言而死矣夫！』弇堈弔聞之。」

妸荷的讀音如果改為荷妸，上古音 hai-kai，非常接近弇堈 iam-gang，其實就是黠戛斯 hakas，也即柯爾克孜族。

甘是巫師，《新唐書》卷二一七下說黠戛斯：「呼巫為甘。」甘 Qam 轉讀為咸 ham，《山海經》多次出現巫咸，源自北方民族，《海外西經》：「巫咸國在女丑北，右手操青蛇，左手操赤蛇。在登葆山，群巫所從上下也。」巫咸在西北，登葆即吐蕃。吐蕃 Tibet 源自高處，突厥語的山丘 tepa、英語的高 top、漢語的突、凸都是同源字。《莊子·應帝王》鄭有神巫曰季咸，《天運》有巫咸袑。

北宋在西北出土的三塊戰國時期秦國《詛楚文》，其中有《告巫咸文》。詛楚文中的《告亞駝文》出於要冊湫（今甘肅正寧湫頭），祭祀水神亞駝，我考證出亞駝、要冊上古音接近伊朗語和突厥語的龍 asjtar。

秦國詛楚文中的《告大沈厥湫文》來自湫淵（在今固原海子溝），〔註5〕

〔註4〕周運中：《山海經通解》，花木蘭文化事業有限公司，2021年，第97頁。
〔註5〕湫是湖，來自印歐語。丹麥語是 sø，德語是 see，瑞典語是 sjö，接近湫的上古音。附近的蕭關源自湫，秋天蕭瑟，秋和蕭同源。

《史記・封禪書》：「湫淵，祠朝那。」《索隱》：「即龍之所處也。」《漢書・郊祀志》，顏師古注：「土俗亢旱，每於此求之，相傳雲龍之所居也。」詛楚文都是源自戎狄的信仰，秦人信奉戎狄信仰。

　　再看《知北遊》開頭：「知北遊於玄水之上，登隱弅之丘，而適遭無為謂焉。」明確說玄水在北方，玄是北方的顏色，《山海經》末尾《海內經》：「北海之內，有山，名曰幽都之山，黑水出焉。其上有玄鳥、玄蛇、玄豹、玄虎、玄狐蓬尾。有大玄之山。有玄丘之民。有大幽之國。有赤脛之民。」玄水在很遠的北方，我已指出，幽都即突厥聖山鬱督運山（於都斤山、烏德鞬山）ütükän，是今蒙古國杭愛山。〔註6〕

〔註6〕周運中：《山海經通解》，第 275 頁。

第十一章　莊子記載的北方民族

　　莊子的書中還記載了北方的一些民族，包括窮髮之民、祝腎（肅慎），徐无鬼就是鬼方之中的余吾，余吾是突厥語的馬。具茨山的大隗，也是鬼方氏，鬼方是突厥人。北人無擇就是冒頓、無終，北冥鯤鵬的故事也是來自北方海域。前人沒有發現這些真相，所以沒有看到莊子和北方民族文化的深入聯繫。

一、窮髮和祝腎（肅慎）

　　莊子在開篇的《逍遙遊》提到：「窮髮之北有冥海者，天池也。有魚焉，其廣數千里，未有知其修者，其名為鯤。有鳥焉，其名為鵬，背若泰山，翼若垂天之雲，摶扶搖羊角而上者九萬里，絕雲氣，負青天，然後圖南，且適南冥也。」窮髮就是髡髮，而這恰好是很多游牧民族的習俗，尤其是通古斯民族，直到清代的滿族還保留這種風俗。

　　莊子這段話在開頭重複出現，明確說：「齊諧者，志怪者也。」諧之言曰又重複描寫，這段話出自齊國人的書。證明東北亞的知識源自齊國，齊國人擅長航海，他們瞭解到了東北亞的知識。

　　齊國和肅慎有交往，司馬相如的《子虛賦》中，齊國的烏有先生描述齊國的盛況是：「浮勃澥，遊孟諸，邪與肅慎為鄰，右以湯谷為界，秋田乎青丘，傍徨乎海外。」

　　莊子的《達生》記載，田開之見周威公，威公曰：「吾聞祝腎學生，吾子與祝腎遊，亦何聞焉？」田開敘述他的師傅祝腎的養生：「善養生者，若牧羊然，視其後者而鞭之。」我認為祝腎顯然就是肅慎，田開之是齊國的王族，但是他向肅慎人學習養生術，所以用牧羊來形容。

蕭慎的譯名很多，明代《華夷譯語》稱為朱先，《滿洲源流》卷一稱為珠申，我認為也即朝鮮的由來，讀音非常接近。我認為蕭慎的語源是豬，因為拉丁語的豬是 sus，讀音接近蕭慎，印地語是 suar，吐火羅語是 suwo，挪威語是 svin，古英語是 swin，可見這是古老的印歐語同源字。印歐人和東方族群融合成為突厥人，印歐人東征到東北亞，蕭慎的名字源自印歐語。蕭慎等東北亞族群被稱為通古斯人，通古斯就是突厥語的豬，《三國志》卷三十《東夷傳》記載挹婁：「其俗好養豬，食其肉，衣其皮。冬以豬膏塗身，厚數分，以御風寒。夏則裸袒，以尺布隱其前後，以蔽形體。其人不絜，作溷在中央，人圍其表居……古之蕭慎氏之國也。善射，射人皆入目。矢施毒，人中皆死。」因為蕭慎人依賴豬油和豬皮，所以被稱為蕭慎、通古斯。

二、徐無（余吾）鬼和九方（鬼方）

莊子在《徐无鬼》中記載，徐无鬼因女商見魏武侯，徐无鬼講述了很多相馬、相狗的知識，徐无鬼顯然是游牧民族。

徐无鬼是徐無族，鬼原本是對北方民族的稱呼，直到近代還稱外國人為洋鬼子。徐無戎即余無戎，《竹書紀年》說：「太丁（應是文丁）四年，周人伐余無之戎，克之，周王季命為殷牧師也。」漢代右北平郡有徐無縣，在今河北遵化。上黨郡有餘吾縣，在今山西屯留縣西北。前人或以為余無戎在上黨，他們不知道這是族名，源自馬的通名。《漢書・武帝紀》元狩二年：「夏，馬生余吾水中。」注引應劭曰：「在朔方北也。」此地應在邊塞，不是上黨郡的余吾縣，余吾的本義就是馬。余吾（徐無）是吐火羅語的馬 yakwe，也即伊吾的由來。西漢北地郡弋居縣在今甘肅省寧縣南部，這是周人所伐余無戎最可能的地點。

雅庫特人 Yakut 即唐代貝加爾湖邊的骨利幹人，出好馬，《新唐書》卷二一七下：「骨利幹，處瀚海北……產良馬，首似橐它，筋骼壯大，日中馳數百里。其地北距海，去京師最遠，又北度海則晝長夜短，日入亨羊胛，熟，東方已明，蓋近日出處也……其大酋俟斤，因使者獻馬，帝取其異者，號十驥……龍朔中，以玄闕州更為余吾州，隸瀚海都督府。」余吾就是馬，也即 Yakut 名字的由來。因為 Yakut 出產好馬，所以馬稱為 yakwe。突厥語的馬是 yont 或 at，也即秦穆公所用的由余的語源。

莊子在下文又提到九方歅相人，我早已指出九方即鬼方，《史記・殷本紀》商紂：「以西伯昌、九侯、鄂侯為三公。」《集解》引徐廣曰：「一作鬼侯。」

所以九方就是鬼方，九方皋是鬼方人，自然最懂馬！九方歅相人，源自鬼方人相馬、相狗，《列子・說符》，伯樂對秦穆公說：「臣有所與共擔纆薪菜者，有九方皋，此其於馬非臣之下也。」

伯樂即《逸周書》的卜盧，即漢唐秦晉的步落稽。《淮南子・地形》記載天下諸水源頭，其中有：「涇出薄落之山。」前一條是漢水，下一條是渭水，說明就是現在的涇河，則六盤山叫薄落山，即卜盧族所在，也即伯樂所出。秦穆公征服戎狄，自然要請伯樂族的人來相馬！伯樂即突厥語的泉水或魚 balaq，魚是從泉水衍生的詞。〔註1〕

三、具茨山、大騩山和鬼谷子

莊子在《徐无鬼》中還提到：「黃帝將見大隗乎具茨之山，方明為御，昌寓驂乘，張若謵朋前馬，昆閽滑稽後車。至於襄城之野，七聖皆迷，無所問塗。適遇牧馬童子，問塗焉。」具茨山在今新密市的東南，現在還有大隗鎮，大隗顯然是一個人，其實是族名。

具茨山又名大騩山，大騩源自鬼方，我已經指出，《世本》說：「陸終娶鬼方氏妹，曰女嬇。」因為祝融八姓的祖先出自鬼方，南遷到新鄭、新密，所以出現了大騩山之名，《國語・周語上》內史過對周惠王說：「昔夏之興也，融降於崇山。」滎陽有祝龍（祝融）泉，《水經注》卷二二《渠水》：「渠水出河南密縣大騩山。大騩即具茨山也。黃帝登具茨之山，陞於洪堤之上，受《神芝圖》於黃蓋童子，即是山也。渠水出其阿。流而為陂，俗謂之玉女池。」

具茨就是公主，因為祝融八姓的母親是鬼方氏的公主。匈奴人就把公主稱為居次，《漢書・匈奴傳下》說：「復株纍單于復妻王昭君，生二女，長女雲為須卜居次，小女為當於居次。」注引李奇曰：「居次者，女之號，若漢言公主也。」同書《匈奴傳上》又說漢宣帝本始二年（前72年）：「校尉常惠與烏孫兵至右谷蠡庭，獲單于父行及嫂、居次、名王、犁汗都尉、千長、將以下三萬九千萬餘級。」居次排在單于的嫂子之後，就是公主。我將另文論證，匈奴與鬼方同源，所以居次就是具茨，玉女的傳說也由此而來。鬼、異兩字的意思與構形都相通，所以發源於大騩山的渠水其實也因民族得名。

近年來在具茨山區發現了很多岩畫，〔註2〕中國的岩畫主要分布在北方草

〔註1〕周運中：《中國文明起源新考》，花木蘭文化出版社，2015年，第204頁。
〔註2〕劉五一編著：《具茨山岩畫》，中州古籍出版社，2010年。

原地區，多數是游牧民族所為，我認為中原地區的具茨山岩畫很可能是南遷的炎黃集團部族所畫。郭物指出，南西伯利亞的奧庫涅夫文化（約西元前 2500～前 1700 年）和新疆北部的切木爾切克文化（約西元前 2500～前 1500 年）都有在石頭上鑿刻凹窩的現象，具茨山也有類似石刻。〔註 3〕這更加證明具茨山岩畫確實源自北方草原民族，根源就在鬼方。〔註 4〕

我又想到新密市西南不遠，在今登封市境內有鬼谷，戰國時期有鬼谷子，《史記・蘇秦列傳》記載蘇秦是老師是鬼谷子，《集解》引徐廣曰：「穎川陽城有鬼谷，蓋是其人所居，因為號。」蘇秦是洛陽人，鬼谷子應在今登封，穎川郡陽城縣在今登封市東南。裴駰案：「鬼谷，地名也。扶風池陽、穎川陽城，並有鬼谷墟。」因為源自鬼方，所以陝西也有鬼谷墟（丘）。因為鬼方是戎狄，一直崇尚武力，所以喜歡研究兵略。

四、北人無擇即無終、冒頓

莊子在《讓王》中提到堯讓位於許由，舜讓位於北人無擇。我在此前的書中已經指出許由就是皋陶，現代閩南語的許還讀成 ko，許由、皋陶是突厥語羊 koyn 的音譯，皋陶的羊獬豸就是《史記・貨殖列傳》趙國北部的羯羠，源自印歐語的羊，英語的羊 goat 還接近羯羠。〔註 5〕

前人未曾指出北人無擇的無擇，其實就是無終、冒頓，擇的上古音是透母鐸部 thak，讀音接近。

趙國、代國之間山上，有無窮之門，《戰國策・趙策二》趙武靈王曰：「昔者先君襄主與代交地，城封境之，名曰無窮之門。」《史記・趙世家》說趙武靈王十九年：「王北略中山之地，至於房子，遂之代，北至無窮，西至河，登黃華之上。」無窮之門在蔚縣南部。

無窮之門源自代地戎狄中的無終族，窮、終相通，《左傳》襄公四年：「無終子嘉父使孟樂如晉，因魏莊子納虎豹之皮，以請和諸戎。晉侯曰：戎狄無親而貪，不如伐之。」《國語・晉語七》：「（晉悼公）五年，無終子嘉父使孟樂，因魏莊子納虎豹之皮，以和諸戎。」

〔註 3〕 郭物：《從石峁遺址的石人看龍山時代晚期中國北方同歐亞草原的交流》，甘肅省文物考古研究所等編《早期絲綢之路暨早期秦文化國際學術研討會論文集》，文物出版社，2014 年，第 64 頁。
〔註 4〕 周運中：《中國文明起源新考》，第 333 頁。
〔註 5〕 周運中：《中國文明起源新考》，第 336～340 頁。

無終族原居太原，《春秋》昭公元年：「晉荀吳帥師敗狄於大鹵。」《左傳》：「晉中行穆子敗無終及群狄於大原。」《穀梁傳》：「中國曰大原，夷狄曰大鹵。號從中國，名從主人。」大鹵是戎狄語太原的音譯，鄭張尚芳指出即阿爾泰語系的草原 dala。〔註6〕

西漢右北平郡有無終縣，在今河北薊縣，說明無終或是從山西省東遷到此，或是此地有同源民族。

我認為無終就是冒頓，因為上古音無是明母魚部 miua，《水經注》卷十三《㶟水》：「又東逕無鄉城北，《地理風俗記》曰：燕語呼毛為無，今改宜鄉也。」無鄉城在今涿鹿縣東南，燕地人讀毛為無，所以春秋時期晉國北部人所譯的無終的無，其實發音是毛。上古音知端合一，所以終是照母東部 tɕiuəm，終的讀音近冬，所以無終就是冒頓。

秦代的匈奴有冒頓單于，東破東胡，西破月氏，統一高原。冒頓的語源，一說是蒙古語勇士，Baghadur，一說是 Bogd，神聖。我以為是來自 Bogd，勇士太多，王號不太可能用勇士，而應用神聖。不過這個字的根源可能是大，德語的山是 Bärg，愛沙尼亞語是 mägi，人首領是伯、霸 bak，土耳其語的牛是 boǧa，古印度—伊朗語的神是 bhagas，都接近此字。

冒頓即博格達，新疆博格達山之北在漢代就有車師後國，國都是務塗谷，務塗的上古音是 miok-dea，即博格達。

另外《史記·建元以來侯者年表》的輝渠侯名為僕多，此人原為匈奴人，僕多的上古音是 phok-tai，即博格達。

五、北冥鯤鵬的真相

莊子的《逍遙遊》講：「北冥有魚，其名為鯤。鯤之大，不知其幾千里也。化而為鳥，其名為鵬。鵬之背，不知其幾千里也。怒而飛，其翼若垂天之雲。是鳥也，海運則將徙於南冥。南冥者，天池也。」又引齊國志怪書《齊諧》：「鵬之徙於南冥也，水擊三千里，摶扶搖而上者九萬里，去以六月息者也。」又說：「窮髮之北，有冥海者，天池也。有魚焉，其廣數千里，未有知其修者，其名為鯤。有鳥焉，其名為鵬，背若泰山，翼若垂天之雲，摶扶搖羊角而上者九萬里，絕雲氣，負青天，然後圖南，且適南冥也。」

〔註6〕鄭張尚芳：《「蠻、夷、戎、狄「語源考》，《鄭張尚芳語言學論文集》，北京：中華書局，2012年，第752頁。

前人早已指出，鯤就是鯨，上古音的鯨是 giang，讀音接近鯤。窮髮是東北民族的髡髮習俗，北海在其北，則在日本海之北。我認為尼夫赫語的鯨 keng，讀音更接近鯤。鯨也不是源自漢語，請看西漢揚雄《方言》卷一列舉各地表示大的字，提到：「燕之北鄙、齊、楚之郊，或曰京，或曰將。」燕國的北部稱大為京，所以大魚是鯨，可能指燕國東北部的民族，朝鮮語的大是 keun，讀音接近鯤、鯨，鯤的叫法顯然來自黃海東北部。

南遷的巨大鯨魚是座頭鯨，長達 15 米。座頭鯨的鰭肢上具有四趾，後緣有波浪狀的缺刻，很像鳥的翅膀，所以又被稱為長鰭鯨、巨臂鯨、大翼鯨。座頭鯨南遷時，經常跳出水面很高，很像飛翔的鳥。座頭鯨在冬季南遷，也是候鳥南遷的季節，所以衍生出鯤化為鵬的故事。冬半年在南方，夏半年在北方，所以說去以六月息者也。現在日本和臺灣的觀鯨，還是重要旅遊項目。鄂霍次克海的座頭鯨，南遷到日本海，再到黃海和東海。白令海的座頭鯨，從日本的東部南遷到臺灣的南部。莊子說鯤南遷到南海，顯然是指遷徙到南海的座頭鯨。

座頭鯨南遷，經過日本的東部，上古的九州島南部和琉球群島的居民都是南島語系民族。鯤摶扶搖而上，西晉司馬彪：「上行風謂之扶搖，《爾雅》云：扶搖謂之飆。」東晉郭璞注：「暴風從下，上也。」〔註7〕我認為馬來語的風是buyu，恰好音譯為扶搖，扶的上古音是 ba。龍捲風類似羊角，所以說摶扶搖羊角而上。南島語系毛利語的海是 moana，讀音接近冥，這個讀音接近拉丁語的海 mare，說明是遠古共通語。鯤鵬故事證明上古齊國人到了東亞的島鏈，所以他們當然能知道臺灣、澎湖和呂宋。

傳說五大神山是禺彊命令巨鼇背負，《列子‧湯問》：「帝恐流於西極，失群仙聖之居，乃命禺彊使巨鼇十五舉首而戴之。迭為三番，六萬歲一交焉，五山始峙而不動。而龍伯之國有大人，舉足不盈數步而暨五山之所，一釣而連六鼇，合負而趣歸其國，灼其骨以數焉，於是岱輿、員嶠二山流於北極。」我已通過前秦王嘉的奇書《拾遺記》卷十《諸名山》，考證出蓬萊是呂宋島，瀛洲是臺灣島，方壺是澎湖島，員嶠是屋久島，岱輿是九州島西南的薩摩半島。又考證了漢代道士航海史，漢晉道士記載的海外地理。〔註8〕

〔註7〕〔戰國〕莊子著、〔清〕郭慶藩撰、王孝魚點校：《莊子集釋》，中華書局，2004年，第5頁。

〔註8〕周運中：《上古東南海外五大神山考實》，《海交史研究》2015年第1期。周運

　　岱輿（九州島）、員嶠（屋久島）在蓬萊（呂宋）、方壺（澎湖）、瀛洲（臺灣）北部，而且相距較遠，中間的沖繩等島因為太小所以未被列入五山之中。《山海經·大荒東經》說北海的海神是禺京，禺京即禺彊，即鯨魚。

中：《漢武別國考》，《暨南史學》第 13 輯，廣西師範大學出版社，2017 年。
周運中：《浙東的洞天福地與海外航路》，《中國港口（中國港口博物館館刊專輯）》增刊（中國港口博物館館刊專輯）2018 年第 1 期。周運中：《漢代道士航海史鉤沉》，《中國港口》增刊（中國港口博物館館刊專輯）2019 年第 1 期。周運中：《硫磺與六朝道士記載的臺灣航路》，中國航海博物館編：《絲路和絃：全球化視野下的中國航海歷史與文化》，復旦大學出版社，2019 年。周運中：《漢晉道士雜記中的中外交流史料考》，《中國港口》增刊（中國港口博物館館刊）2020 年第 1 期。以上收入周運中：《道士開闢海上絲綢之路》，花木蘭文化事業有限公司，2020 年。

第十二章　登遐和月氏、焉耆

　　莊子的書中，提到的登假就是義渠人的火葬儀式登遐，源自印歐語的燃燒。義渠即焉耆，是印歐人之中的吐火羅人。闉跂支離無脤來自闉跂，也即焉耆。支離、無脤都是印歐語或突厥語，證明在莊子的書中，提到的很多信仰和巫師都是源自印歐文化。

一、登假是印歐語的火葬

　　莊子兩次提到登假，《德充符》，孔丘讚頌得道之人王駘說：

　　　　夫保始之徵，不懼之實，勇士一人，雄入於九軍。將求名而能
　　自要者，而猶若是，而況官天地，府萬物，直寓六骸，象耳目，一
　　知之所知，而心未嘗死者乎！彼且擇日而登假，人則從是也。彼且
　　何肯以物為事乎！

《大宗師》說：

　　　　何謂真人？古之真人，不逆寡，不雄成，不謀士。若然者，過
　　而弗悔，當而不自得也。若然者，登高不栗，入水不濡，入火不熱。
　　是知之能登假於道者也若此。

　　所謂登假，應即得道上升。這個詞出自戎狄，因為《墨子・節葬下》說：

　　　　秦之西，有儀渠之國者，其親戚死，聚柴薪而焚之，薰上謂之
　　登遐，然後成為孝子。

　　墨子也是中原人，他特地解釋說登遐是義渠戎的火葬風俗，說明莊子的登假源自登遐。

　　我此前指出，北魏酈道元《水經注》引《魏土地記》說黃帝在湖縣登仙，

《史記・封禪書》齊人公孫卿說：「黃帝採首山銅，鑄鼎於荊山下。鼎既成，有龍垂鬍鬚下迎黃帝。黃帝上騎，群臣後宮從上者七十餘人，龍乃上去。余小臣不得上，乃悉持龍鬚，龍鬚拔，墮，墮黃帝之弓。百姓仰望黃帝既上天，乃抱其弓與鬍鬚號，故後世因名其處曰鼎湖，其弓曰烏號。」鼎、胡本來無關，居然拼合為一個地名，其實鼎湖就是登遐，上古音的鼎是端母耕部 tyeng，湖是匣母魚部 ha，登是端母蒸部 təng，遐是匣母魚部 hea，讀音很近。鼎字不過是一種異譯，後世附會為鑄鼎，其實與鼎無關。〔註1〕

登假（登遐）其實是源自印歐語的焚燒，世界語言體系中表示焚燒的詞，唯獨印歐語的焚燒，主要分為以下幾類：

1. 和燒同源，比如塔吉克語的 suxtan，蒙古語的 šatah，阿薩姆語的 zola

2. 和燃、炎、煬同源，比如緬語的 laung，印地語的 jalna，哈薩克語的 janw，拉丁語的 ardeo

3. 和燔同源，比如拉丁語的 flammo，德語的 brannen，芬蘭語的 palaa，泰語的 păo

還有一組，包括梵語的 dah，高棉語的 dot，朝鮮語的 tada，拉脫維亞語的 degt，愛爾蘭語的 doigh，這一組詞非常接近登假（登遐），源頭應是印歐語。因為柬埔寨歷史上長期印度化，受到印度語言影響。而朝鮮語則接近阿爾泰語，所以也可能受到影響。

二、焉耆東遷是義渠、揚拒

義渠就是焉耆人東遷的一支，焉耆屬月氏人。玄奘譯焉耆為阿耆尼國，古名 Argi 或 Arki，〔註2〕焉耆語被稱為甲種吐火羅語，《西天路竟》稱焉耆為月氏。〔註3〕耿世民認為焉耆的語源是 arka-，本義是堡壘。《法顯傳》稱焉耆為焉夷，黃盛璋認為對應吐火羅語的 Arsi，耿世民認為 Arsi 是聖地。〔註4〕

〔註1〕周運中：《中國文明起源新考》，第 160〜161 頁。

〔註2〕〔唐〕玄奘、辯機原著、季羨林等校注《大唐西域記》，北京：中華書局，2000年，第 49 頁。

〔註3〕黃盛璋：《試論所謂「吐火羅語」及其有關的歷史地理和民族問題》，《中外交通與交流史研究》，安徽教育出版社，2002 年。

〔註4〕耿世民：《古代新疆塔里木盆地民族和語文考》，《西域文史論稿》，蘭州大學出版社，2012 年，第 126〜127 頁。

月氏人在上古遷到華北，分布很廣，本人另文詳考，其中也包括焉耆人。義渠的上古音是 ngiai-gia，音近焉耆，《漢書・西域傳》：「焉耆國，治員渠城。」員渠、義渠讀音更近，義渠人應該就是焉耆人東遷的一支。

商周時期，山西的北部還有燕京戎，《後漢書・西羌傳》注引古本《竹書紀年》：「太丁二年，周人伐燕京之戎，周師大敗。」徐文靖以為燕京戎在汾河的源頭，《淮南子・地形》：「汾出燕京。」《水經注》卷六《汾水》：「汾水出太原汾陽縣北管涔山……《十三州志》曰：出武州之燕京山，亦管涔之異名也。」燕京戎應在山西，所以管涔山又名燕京山。

燕京的上古音是 ian-kyang，很接近焉耆、焉居、義渠，位置也很靠近焉居，這是焉耆、義渠人東遷的一支。

上古在今河南的西北部又有揚拒戎，《左傳》僖公十一年說：「夏，揚拒、泉皋、伊雒之戎，同伐京師。」這一支戎人在洛陽附近，揚拒戎即在盧氏縣的鄔渠谷一帶，揚拒、義渠、鄔渠、焉耆、焉居的讀音很接近，揚拒亦即義渠戎南下的一支。《水經注》卷十五《洛水》說：「東北過盧氏縣南。洛水逕隖渠關北。隖渠水出南隖渠山，即荀渠山也。」隖渠，楊守敬認為別本誤作陽渠，應是塢渠，因為中古時期此地多塢，見於《水經注》同卷。又引《太平寰宇記》卷六虢州朱陽縣：「大象二年，移縣於今盧氏縣西南鄔渠谷中。」〔註5〕其實鄔渠是正字，訛為隖渠，不可能是塢渠。焉、烏字形接近，所以寫錯。因為魏晉南北朝時期的塢壁很多，所以不可能出現塢渠的專名。

河南西部的戎人都是從陝西、山西一帶南遷，《左傳》昭公九年：「晉梁丙、張，率陰戎伐潁。」所謂陰戎，指黃河南岸的戎，陰是河陰的簡稱。《左傳》僖公二十二年：「秋，秦、晉遷陸渾之戎於伊川。」秦、晉強大之後，很多黃河、渭河以北的戎狄受到秦、晉的壓迫，被迫南遷到黃河以南。

揚拒戎的後代就是上洛的豪族陽氏，《周書》卷四十四《揚雄傳》：「揚雄，字元略，上洛邑陽人也。世為豪族。」泉皋戎的後代就是上洛的豪族泉氏，《周書》卷四十四《泉企傳》：「泉企，字思道，上洛豐陽人也。世雄商洛。」揚拒、泉皋戎原來鄰近，所以他們的後代也鄰近。他們漢化之後，取原來族名漢譯的首字為姓氏。

〔註5〕〔北魏〕酈道元注、楊守敬、熊會貞疏、段熙仲點校：《水經注疏》，江蘇古籍出版社，1989年，第1291頁。

三、闉跂、安期生來自焉耆

其實莊子也提到了焉耆,《莊子·德充符》:「闉跂支離無脤,說衛靈公,靈公說之。而視全人,其脰肩肩。」闉跂顯然就是焉耆,這個焉耆人名叫支離無脤。狄人很早就侵擾衛國,所以焉耆人到衛國很正常。

這個人是焉耆人,所以相貌奇特。其脰肩肩,前人的解釋不同,疏:「肩肩,細小貌也。」梁簡文帝:「直貌。」李楨:「《考工記》梓人文,數目顧脰,注云,顧,長脰貌。」原始印歐語的脖子是 kneg,閩南語的頸是 kng,顯然是人類共通語。頸、項也是同源字,讀音非常接近,我的家鄉(江蘇省濱海縣)話,脖子是頸項,項讀為 kang。脖子的波斯語是 gari,梵語是 griva,讀音接近支離。無脤是突厥語的長 uzun,所以支離無脤就是長脖子。戎狄東遷混居,所以語言也混雜了。

上一篇《人間世》描述這個人:「支離疏者,頤隱於臍,肩高於頂,會撮指天,五管在上,兩髀為脅。挫針治繲,足以餬口。鼓筴播精,足以食十人。上徵武士,則支離攘臂而遊於其閒。上有大役,則支離以有常疾不受功。上與病者粟,則受之三鍾與十束薪。夫支離者其形者,猶足以養其身,終其天年,又況支離其德者乎!」支離疏的肩膀高,脖子短,不是支離無脤。支離疏是脖子短,支離是脖子,疏是印歐語的短,現代英語的短是 short,仍然接近疏的漢語上古音 shia。

莊子《至樂》又提到:「支離叔與滑介叔觀於冥伯之丘,崑崙之虛,黃帝之所休。俄而柳生其左肘,其意蹶蹶然惡之。」

柳樹從人的身上生出來,令人想到玄奘《大唐西域記》卷五的大樹仙人,羯若鞠闍國:「時有仙人居殑伽河側,棲神入定,經數萬歲,形如枯木,遊禽棲集,遺尼拘律果於仙人肩上,暑往寒來,垂蔭合拱。多歷年所,從定而起,欲去其樹,恐覆鳥巢,時人美其德,號大樹仙人。」

可見《莊子》中的很多西域知識,通過焉耆人,傳到其親族義渠人,再傳到中原。

又有安期生,《史記·封禪書》:

> (李)少君言上曰:「祠灶則致物,致物而丹沙可化為黃金,黃金成以為飲食器則益壽,益壽而海中蓬萊仙者乃可見,見之以封禪則不死,黃帝是也。臣嘗遊海上,見安期生,安期生食巨棗,大如瓜。安期生仙者,通蓬萊中,合則見人,不合則隱。」於是天子始

親祠灶，遣方士入海求蓬萊安期生之屬，而事化丹沙諸藥齊為黃金
矣……（欒）大言曰：「臣常往來海中，見安期、羨門之屬。

我認為安期生，姓安期，就是焉耆、義渠，來自中國北方草原民族。安期
生、羨門高都是草原民族，最著名的兩個人都是如此，普通的方士更不必說。

安期生吃的巨棗，大如瓜，東晉嵇含的《南方草木狀》卷下認為安期生吃
的是來自西亞的椰棗。

《史記·封禪書》說：

濟南人公玉帶上黃帝時明堂圖。明堂圖中有一殿，四面無壁，
以茅蓋，通水，圜宮垣為複道，上有樓，從西南入，命曰崑崙，天
子從之入，以拜祠上帝焉。

明堂的形象模擬崑崙，但是竟然從西南登上，而不是從東南！中國在崑崙
山的東南，崑崙山的西南是印度。之所以從西南登上崑崙，很可能因為方士的
思想受到印度的影響。

四、務成與房中術的西域起源

班固《漢書·藝文志》末尾方技三十六家，第三類是房中術，有八家，開
頭就是《務成子陰道三十六卷》，這個務成子很可能是無脤子，證明莊子所謂
的闉跂支離無脤可信。則房中術很可能源自西域，西域有很多壯陽藥，比如鎖
陽、肉蓯蓉、淫羊藿等。直到明代，正德帝還用番人的壯陽藥，很可能就是印
度神油之類的物品。

高羅佩曾經指出中國和印度的房中術有很多類似點，在很多性力派經咒
中，濕婆的配偶雪山神女（Parvati）回答濕婆提出的很多問題，這和黃帝與素
女的問答很類似。性力派也強調採陰補陽、止精不射，這和中國的房中術很像。
但是高羅佩認為最早是從中國傳入印度，理由是性力派文獻是在 12～16 世紀
寫成，是受到密宗金剛乘的影響出現，金剛乘是在 7 世紀才出現。〔註6〕

我認為中國的房中術很可能源自西域，距離樓蘭 175 千米的小河墓地，在
4000 年前。每個墓前都豎立一根胡楊木柱。現存有 140 根，女性棺前立的是
多棱形的木柱，上粗下細，高 1.3～1.5 米，上部塗紅，纏繞毛繩、固定草束。
男性棺前立的木柱，外形似木槳，大、小差別很大，大的高達 2 米，寬 0.8 米

〔註6〕〔荷〕高羅佩著、李零、郭曉惠等譯：《中國古代房內考》附錄《印度和中國
的房中秘術》，上海人民出版社，1990 年，第 339～489 頁。

左右，其上塗黑，柄部塗紅。這顯然源自生殖崇拜，男性墓前立的木柱象徵女陰，女性墓前立的木柱象徵男根。在墓地豎立如此高大的生殖崇拜木柱，在世界上也很罕見，小河墓地的族群就是印歐人。

呼圖壁縣雀爾溝鎮西南 13 公里的天山深處有康家石門子岩畫，長 14 米、高 9 米，刻有 300 多人，有男人、女人、馬等圖案，男人的生殖器非常突出，所以是生殖崇拜岩畫。人像頭戴尖帽，顯然是印歐人。在附近還發現了石頭男女生殖器器物，更加佐證這一觀點。我在哈密博物館看到一組木偶，突出顯示了男人和女人的生殖器，還有小孩木偶，或許也是生殖崇拜物品。

哈密博物館的木偶

內蒙古寧城縣小黑石溝出土青銅勺

內蒙古寧城縣小黑石溝出土的青銅立獸豆和很多草原動物金屬飾品，明顯來自西域的印歐人。也出土了一件青銅勺，勺柄做成明顯的男性生殖器形狀，這種造型非常罕見。

印度的性學非常發達，很早就產生了《愛經》。印度首都新德里東南 600 公里的中央邦查塔普爾縣卡久拉霍（Khajuraho）鎮，9 到 13 世紀是昌德拉王國都城，有很多印度教和耆那教的神廟，其中有很多大型、寫實的性愛雕刻。

因為世界罕見，而在 1986 年被聯合國列入世界文化遺產。印度的瑜伽術最早也是模擬男女性愛姿勢創立，印度教中的性力派認為性交是宗教儀式。印度氣候炎熱，物產豐富，所以人們衣食無憂，更容易發展性學。

第十三章　東方沿海文物的西方來源

　　戰國時期方士最多的地方是燕、齊，燕、齊是《山海經》產生的地方，也有很多來自西域的巫師。燕國靠近草原邊塞，齊國很近。燕、齊的文物可以證明，齊國都城臨淄的瓦當上有濃鬱的胡風。戰國時期很多銅器上出現西亞風格的圖案，主要分布在晉、燕，也是來自草原。齊、楚的東部沿海還很有可能從海路傳入西方的文化因素，我已經論證燕齊方士提到的海外五大神山，蓬萊是呂宋島，方壺是澎湖島，瀛洲是臺灣島，可見燕齊方士已經航海到了南海。《山海經》記載到番禺、鬱水（珠江），也可以證明。

一、燕地文物與草原之路

　　我在此前出版的《山海經通解》中專門討論燕國和西域方士，本書中再補充一些文物的證據。

　　我已經指出，前秦王嘉所編的《拾遺記》卷四記載燕昭王時，廣延國獻波弋國的荃蕪香和麟文席，我認為廣延可能是居延，波弋可能是波斯，有雲霞麟鳳的席子其實是西亞的毛毯，時常有雲霞、鹿、鳥等花紋。

　　又有申毒（即身毒、印度）沐胥國的 130 歲方士尸羅經過五年，來到燕國都城，表演幻術，印度人確實擅長幻術，而且王玄策為唐太宗帶來印度 200 歲的方士可以作證。沐胥 mok-sa，是梵語的解脫 moksa。尸羅 sjei-la，或是梵語的頭 siras。〔註 1〕

　　燕、趙、齊有刀幣，北方民族有尖首刀幣，早期燕國明刀是尖首，證明刀幣源自北方民族的實用工具銅刀。燕國圜錢多在其東北部，這正是燕國和北方

〔註 1〕周運中：《山海經通解》，第 299～300 頁。

民族貿易的前沿，反映北方貿易對燕國非常重要。《管子・揆度》列舉海內玉幣七策，其中有陰山之礝碈、燕之紫山白金，還有發、朝鮮之文皮。紫山即燕國北部的紫塞，證明燕國北部的商品經濟發達。

內蒙古博物館藏北族銅削刀、沖繩出土的燕國刀幣

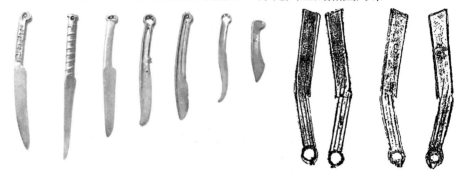

今天長城沿線出土很多戰國秦漢時期的瑪瑙、珠寶、琉璃飾品，其中不少來自中亞、西亞，有的珠寶上面可以看到明顯的西方風格雕刻。《管子・地數》：「故先王各用於其重，珠玉為上幣，黃金為中幣，刀布為下幣。」《輕重乙》有類似的話，可見珠玉也是貨幣，大概是因為稀少而且方便攜帶，被游牧民族傳播到很遠的地方。曹丕《馬腦勒賦》：「馬腦，玉屬也。出自西域，文理交錯，有似馬腦，故其方人，因以名之。或以繫頸，或以飾勒。」

內蒙古鄂爾多斯、東勝市、塔拉壕鄉、碾房渠社，出土虎獸咬鬥金飾牌、雙龍紋金飾片各1件、金耳墜2件、包金瑪瑙飾件13件、金串珠30件、銀環12件、瑪瑙杯2件、紅瑪瑙串406件、綠松石388件，如此多的瑪瑙和綠松石顯然不是生活使用，而是貿易的商品。出土的金銀器與瑪瑙串與鄂爾多斯杭錦旗阿魯柴登、準格爾旗西溝畔等匈奴墓中出土的器物類似，尤其是金飾牌具有斯基泰文化風格，是戰國晚期文物。

令我想起《莊子・天地》：「黃帝遊乎赤水之北，登乎崑崙之丘而南望。還歸，遺其玄珠。使知索之而不得，使離朱索之而不得，使吃詬索之而不得也。乃使象罔，象罔得之。黃帝曰：異哉，象罔乃可以得之乎？」

西域玄珠很可能就是俗稱的蜻蜓眼，多數是黑色，故名玄珠。最早源自埃及，是埃及人抵禦惡眼的護身符，流傳到歐亞大陸很多地方。中國人仿造時加上同心圓，顯然也是對眼睛的誇張。玄珠本來是神目的象徵，所以莊子才借題發揮，編出這個故事，說黃帝丟失玄珠，請智利最好、視力最好的人找不到，視力不好的人反而找到了。象罔就是視象迷罔，莊子的意思是無為而無不為。

二、齊國瓦當上的胡風

齊國都城臨淄古城的戰國瓦當，出現了很多迥異於中原文化的胡風花紋。有的是野獸紋，有的是對獸紋，有的對獸紋中間還有一棵大樹，顯然是西亞民族或北亞民族崇拜的宇宙樹或生命樹，這種對稱的大樹花紋往往非常抽象，不是中原的風格。這種大樹不像是東方常見的闊葉植物，而很像寒冷地域高大的針葉植物。有的對獸紋是雙馬、雙犬，還有胡人騎馬、胡人鬥獸的形象。也有的是兩側是抽象的幾何形，暫時難以解釋。

臨淄雙馬

雙犬瓦當

臨淄的胡人騎馬、對獸瓦當、高鼻胡人瓦當

臨淄的胡人鬥獸瓦當

　　齊國瓦當上還有非常清楚的尖帽胡人形象，證明有不少來自中亞的胡人到了齊地。有的瓦當上有對稱的尖帽胡人騎馬花紋，還有的瓦當上，騎馬的尖帽胡人在馬上跳躍。

臨淄尖帽胡人騎馬瓦當

　　這些胡風瓦當紋飾出現在齊地，而不是靠近西北的秦、趙，證明已有很多胡人來到齊國。而且這些胡人還影響到了齊國都城宮殿的設計，可見這些胡人的影響很大。正是因為這些胡人不僅有商人，還有巫師，他們表演的幻術和傳入的宗教讓齊國的王族也很感興趣。

　　我在此前出版的《山海經通解》已經考證《山海經》最早的地圖作者就是來自西域的胡人，他們的地圖在齊地被漢譯，又被添加了東方的內容，形成了最早的《山海經》文本。齊國瓦當上濃鬱的胡風，為我此前已經得到論證的觀點，增加了新的證據。

三、晉燕的西亞風格神怪畫

　　江蘇省淮陰高莊戰國時代楚國墓出土的銅匜殘件上有複雜的圖案，有很多野獸，值得注意的是，其中有很多對稱的雙獸，還有山丘和對稱的大樹，這和齊國瓦當上的胡風圖案非常類似。還有巫師，雙手操蛇，《山海經》多次記載操蛇，所以前人將這些圖案和《山海經》聯繫起來。〔註2〕我已經考證《山海經》最早的地圖作者是來自西域的胡人，這些圖案也是西亞的風格，因為伊朗的吉羅夫特文化，很早就有非常類似的圖案，有巫師和對稱的雙獸，有重疊的山丘和對稱的大樹，有巫師操蛇。巫鴻稱為神山圖像，〔註3〕我想到山是燕國瓦當上最重要的圖案，其實源自燕昭王的求仙，漢字的仙就是山上的人。

伊朗吉羅夫特文化圖案

〔註2〕王立仕：《淮陰高莊戰國墓銅器刻紋和〈山海圖〉》，王厚宇：《淮陰高莊墓刻紋銅器上的神人怪獸圖像》，王崇順、王厚宇：《淮陰高莊戰國墓銅器圖像考釋》，淮安市博物館編著：《淮陰高莊戰國墓》，文物出版社，2009年。
〔註3〕巫鴻講座《山野的呼喚——神山的世界》，北京大學人文社會科學研究院，2021年10月18日。

淮陰高莊刻紋銅匝（1：0138）刻紋線圖

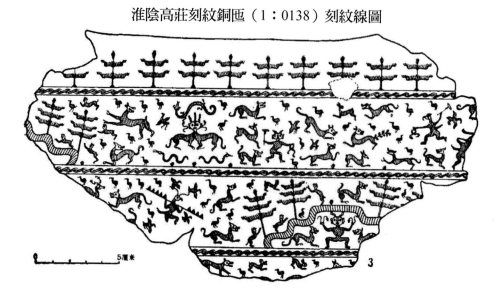

淮陰高莊銅匝、銅筭上的刻圖局部線描圖

　　同樣風格的刻紋銅器主要在今河北、山西、河南、北京、遼寧、陝西，共有17處，另外山東有2處（長島縣王固、平度縣東岳石），湖北、湖南有3處，江蘇僅有4處，先有學者指出這種風格的圖案來自草原民族，〔註4〕我認為此說正確。又有人認為源頭在吳越，〔註5〕我認為不確，所謂源自吳越主要是根據六合程橋墓是在春秋末年，而江蘇另外三處都在戰國早中期，不比北方同類物品所出的墓葬早，所以六合程橋墓葬是孤證。

　　江蘇僅有的4處還是在淮陰、六合和鎮江，全部是江淮而不是江南文化區。北方的17處，集中在太行山和燕山周圍，這是最典型的戎狄分布地。北方的17處是：遼寧建昌東大杖子、河北易縣燕下都、淶水縣永樂、平山縣靈壽城、行唐縣故郡村、邯鄲縣百家村、北京通州中趙甫、山西定襄縣中霍村、

〔註4〕許雅惠：《東周的圖像紋銅器與刻紋銅器》，《故宮學術季刊》2002年第2期。
〔註5〕滕銘予：《東周時期刻紋銅器再檢討》，《考古》2020年第9期。

太原市金勝村、山西省潞城市潞河村、長治市分水嶺、河南省輝縣琉璃閣、趙固、陝縣後川、洛陽市、陝西省鳳翔縣高王寺。其中靈壽城是中山國的都城，中山國是戎狄建立，行唐縣也屬中山國。潞城是赤狄潞氏之地，長治附近的戎狄很多，有鐸辰、留籲、鄋瞞、廧咎如。晉城附近的戎狄有草中戎、麗土翟。定襄、淶水以北更是戎狄之地，太原本來是戎狄之地，戎狄稱太原為大鹵，即突厥語的草原 dalas（怛邏斯）。陝縣所在的豫西在春秋時有很多戎狄，而齊國的北部和兩湖、江淮個別地方受到戎狄文化影響，也很正常。

　　輝縣琉璃閣的銅盒和長島縣王溝的鎏金盤，圖案上都出現了馬車，畫出兩個輪子，巫鴻認為四輪馬車。如果是四輪馬車，則是西域的馬車，而不是東亞的兩輪馬車。在這類風格的圖案上，大量出現各種野獸和馬車、狩獵，顯然是來自北方草原民族。

輝縣琉璃閣刻紋銅盒圖案

長治分水嶺刻紋銅盤上的馬車圖

長島王溝鎏金盤上的馬車圖

　　江蘇六合程橋和鎮江王家山出土的銅器上，都有長袍巫師，頭戴多角冠，這顯然不是吳越人的服飾。

鎮江王家山銅匜圖案

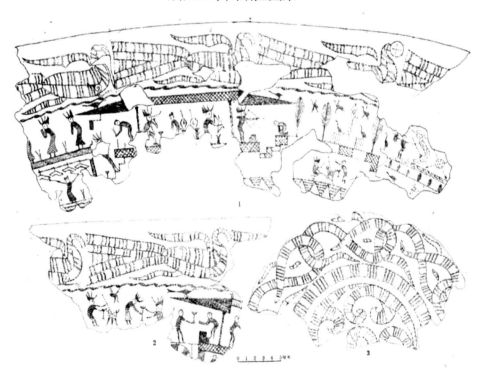

四、從伊朗到江南的魂瓶

魏晉時期江南流行一種喪葬用品魂瓶，陳嘉庚捐贈給廈門華僑博物院的一件魂瓶，應該是一件魂瓶的上方殘件。這件魂瓶上有碑刻的小雕塑，碑文是：「出始寧，用此喪葬，宜子孫，作吏高遷，樂眾無極。」始寧縣是漢順帝永建四年（129 年）設立，在今浙江上虞南部和嵊州北部。

魂瓶的上方一般有多個小瓶，上面常見的是尖帽胡人形象，其實展示西天世界的景象。魂瓶最上方常見鳥類，應該是指飛向天堂。很多人從中國傳統中尋找魂瓶的由來，還有人誤稱為穀倉罐，其實早期魂瓶上方是五個小瓶，西晉中期才變成以建築為主，而且這些建築也不是穀倉的樣子。還有人從漢代的五聯罐尋找魂瓶的由來，我認為也不正確，因為漢代一些五聯罐是平行的五個罐，而不是上下疊加。

上海博物館藏的一件孫吳婺州窯魂瓶，上方的小瓶變成一個神像，手捧一個死屍，證明魂瓶是喪葬用品。這種造型的魂瓶，有人誤以為是大人手抱嬰兒，但是觀察其相貌和身體比例，顯然不是嬰兒。

始寧縣造魂瓶頂部、上海博物館藏孫吳、西晉魂瓶

我認為魂瓶的造型來自西域，因為伊朗更早出現這種造型，下圖有日本藝術家平山郁夫收藏的一件伊朗青釉多連壺，造型非常類似魂瓶。可能正是因為來自西亞，所以魂瓶上面才常見西亞尖帽胡人形象。因為浙東有海路的便利，所以在東漢時期就有胡人前來經商，帶來了西域的宗教和器物。他們帶來的宗教不僅有佛教，應該還有拜火教等西亞宗教。魂瓶上的胡人有樂舞、祈禱等形象，有學者認為是從事喪葬儀式，﹝註6﹞我認為合理。

﹝註6﹞賀雲翔：《中國南方早期佛教藝術初探》，《東南藝術》1991 年第 6 期。梅依潔：《浙東地區出土吳晉時期魂瓶上的胡人形象及其相關問題》，《中國港口》增刊《中國港口博物館館刊專輯》2018 年第 1 期。

　　1958 年溫州楊府山出土一件東漢的五管瓶，楊府山原來在海口，所以有海神廟楊府廟。這件五管瓶非常簡單，是西亞的多連壺早期傳入後，剛剛開始模仿的產物。

　　有人認為晉代福建的五聯罐減少繁雜的堆塑，又回復到了早期的簡單形態，我認為這不是回復，而是保持原有形態，因為繁雜的形態是在浙江出現。唐宋時期的五聯罐風格衰退，演變為龍泉窯的多管瓶、多角瓶。有人認為蟠龍或龍虎堆塑瓶，也是從五聯罐演變而來。

平山郁夫藏伊朗 1～3 世紀多連壺、溫州博物館、寧波博物館藏東漢魂瓶

　　台州博物館藏的一件東漢魂瓶上，造型很特殊，上方和下方不是罐，而是缽，中間是一個圓柱，這是一種變異。還有很特殊的堆塑，一些人似乎向下潛水，下面還有類似鱷魚的水生動物，這顯然是展示古代台州人心目中的黃泉冥界。南京上坊孫吳墓出土孫皓鳳凰元年（272 年）的魂瓶，下部的器身還有螃蟹的貼塑。因為浙東人熟悉海洋，所以塑造出一些海洋動物。台州在寧波、紹興的南部，是胡人的必經之處。

　　浙江上虞出土的一件魂瓶，上方是五個小瓶，下方分成兩層，上方有鳥，中間有鳥龜，下方有熊，這是代表天界、大地、冥界。寧波出土的一件魂瓶，造型比較粗糙，缺少了一層，鳥和龜被混合在同一層。

　　金華博物館所藏兩件孫吳時期的青釉五管瓶，一件是三層堆塑，堆塑的野獸比較多，另一件已經簡化為兩層，野獸較少，但是飛鳥很多，兩件上面都有尖帽的胡人。

　　蘇州博物館所藏孫吳時期孫策孫堅墓出土的一件魂瓶，造型簡單，或許是早期製作，也可能是因為孫氏家族早期不相信從海路傳入的信仰，所以選擇了一件簡單的造型。

浙江博物館藏上虞出土魂瓶、台州出土東漢魂瓶、蘇州博物館藏孫吳魂瓶

金華出土孫吳魂瓶

第十四章　莊子與印度思想

一、導引與瑜伽

莊子提到導引，《刻意》：「吹呴呼吸，吐故納新，熊經鳥申，為壽而已矣，此道引之士，養形之人，彭祖壽考者之所好也。」此處說的顯然是導引術，非常類似印度的瑜伽。

莊子還說中國在世界上不過是極小的地方，《秋水》：「計中國之在海內，不似稊米之在大倉乎？」《山木》：「南越有邑焉，名為建德之國。其民愚而樸，少私而寡欲。知作而不知藏，與而不求其報。不知義之所適，不知禮之所將。猖狂妄行，乃蹈乎大方。其生可樂，其死可葬。」莊子瞭解嶺南，甚至海外，他的地理知識很廣博。

班固《漢書‧藝文志》末尾方技三十六家，第四類是神仙十家，《黃帝雜子步引》、《黃帝岐伯按摩》。我認為步引即道（導）引之誤，按摩也接近導引，說明很早就有導引的書。神仙家還有《道要雜子》、《泰一雜子黃治》，道要不知是道引還是道家，總之和道家有關。

西域的柔利國人，能夠翻轉身體，兩腳反放在頭上，《山海經‧海外北經》說：「柔利國在一目東，為人一手一足，反膝，曲足居上。一云留利之國，人足反折。」《大荒北經》對應的文字是：「有牛黎之國。有人無骨，儋耳之子。」前引朱大可的《老子學說的印度原型》認為這是印度的瑜伽，儋耳正是熱帶民族的特徵，無骨是身體柔軟的比喻。

其實《大荒西經》另有兩足翻轉在頭上的神：「有神，人面無臂，兩足反屬於頭上，名曰噓。顓頊生老童，老童生重及黎，帝令重獻上天，令黎印下地。

下地是生噎，處於西極，以行日月星辰之行次。有女子方浴月。帝俊妻常羲，生月十有二，此始浴之。」《山海經》末尾的《海內經》對應的文字是：「炎帝之妻，赤水之子聽訞，生炎居，炎居生節並，節並生戲器，戲器生祝融。祝融降處於江水，生共工。共工生術器，術器首方顛，是覆土壤，以處江水。共工生后土，后土生噎鳴，噎鳴生歲十有二。」下地是生噎，即后土生噎鳴。噎在上文寫作噓，應該是噓。噓的上古音是曉母魚部 xia，噓鳴的讀音接近 haoma，而 haoma 也是印歐人的月神。

二、攖寧是希臘的 Aion

莊子認為生死不過是氣的聚散，《知北遊》：「生也死之徒，死也生之始，孰知其紀！人之生，氣之聚也。聚則為生，散則為死。若死生為徒，吾又何患！故萬物一也。是其所美者為神奇，其所惡者為臭腐。臭腐復化為神奇，神奇復化為臭腐。故曰：通天下一氣耳。」

莊子認為萬物的本質都是能量轉化，《至樂》：「種有幾，得水則為繼，得水土之際則為蛙蠙之衣，生於陵屯則為陵舄，陵舄得鬱棲則為烏足，烏足之根為蠐螬，其葉為胡蝶。胡蝶胥也化而為蟲，生於灶下，其狀若脫，其名為鴝掇。鴝掇千日為鳥，其名為乾餘骨。乾餘骨之沫為斯彌，斯彌為食醯。頤輅生乎食醯，黃軦生乎九猷，瞀芮生乎腐蠸，羊奚比乎不筍，久竹生青寧，青寧生程，程生馬，馬生人，人又反入於機。萬物皆出於機，皆入於機。」既然萬物可以轉化，我們就可以理解《逍遙遊》開頭說的鯤鵬變化。

莊子認為人形可以萬化，《大宗師》：「若人之形者，萬化而未始有極也，其為樂可勝計邪？故聖人將遊於物之所不得循而皆存。善妖善老，善始善終，人猶傚之，而況萬物之所繫而一化之所待乎！」

莊子提出一個攖寧概念，《大宗師》：「以聖人之道告聖人之才，亦易矣。吾猶守而告之，參日而後能外天下；已外天下矣，吾又守之，七日而後能外物；已外物矣，吾又守之，九日而後能外生；已外生矣，而後能朝徹。朝徹而後能見獨；見獨而後能無古今，無古今而後能入於不死不生。殺生者不死，生生者不生。其為物無不將也，無不迎也，無不毀也，無不成也。其名為攖寧。攖寧也者，攖而後成者也。」

攖寧似乎是指超脫生死狀態的永生，令我想到古希臘的 Aion（希臘語 Aἰών），本來是希臘神靈，代表永久的時間，主宰生命的循環。在密特拉教

（Mithraism）中，伊雍常表現為獅首人身，被蛇纏繞，也成為諾斯替教中的造物神。Aion 的讀音非常接近攖寧，攖寧很可能就是來自印歐語的音譯。

　　古希臘語的 Eon 是極長的時期、萬古、永世，拉丁語還有長壽的意思。古希臘 Aion 轉變為英語的 Aeon，指極長的時期，天文學和地質學為十億年，地質學也指完整的地質期，下面分為代（era）。在哲學上指一種存在於時間之外、從超級神性裏獲得的力量。

三、海若的若是龍 naga

　　莊子在《秋水》中講述了河伯見海若的故事，海若的名字很奇怪，我認為海若就是海神的名號，上古音的若是日母鐸部 nak，非常接近印度梵語的龍 naga，海神自然是龍，所以稱為海若。

　　這個讀音令人想起齊國東南最著名的信仰聖地和航海基地琅邪，《史記‧封禪書》記載齊地最重要的八個神祠，其中：「八曰四時主，祠琅邪。琅邪在齊東方，蓋歲之所始。皆各用一牢具祠，而巫祝所損益，珪幣雜異焉。」

　　琅邪在《管子》中被稱為龍夏，《山至數》，管子曰：「狼牡以至於馮會之日，龍夏以北至於海莊，禽獸羊牛之地也，何不以此通國策哉？」海莊是海厓的形誤，龍夏在海邊。《輕重丁》，管子曰：「陰雍長城之地，其於齊國三分之一，非谷之所生也。海莊、龍夏，其於齊國四分之一也。朝夕外之，所墆齊地者五分之一，非谷之所生也。然則吾非託食之主耶？」龍夏有齊地的四分之一，不是平原，所以一定是琅邪。《山國軌》，管子曰：「龍夏之地，布黃金九千，以幣貨金，巨家以金，小家以幣。」

　　琅邪因為航海通商而獲利很多，航海可以到達廣闊的海外，我已經考證上古東方航海家記載的五大神山，蓬萊是菲律賓的呂宋島，方壺是澎湖島，瀛洲是臺灣島，員嶠是日本的屋久島，岱輿是九州島。因為燕齊方士看到了島鏈之外的太平洋，所以齊人鄒衍提出了大九州說，認為九州是世界的八十一分之一，最外面是大瀛海，即大洋（太平洋）。〔註1〕

　　上古燕齊方士有可能接觸到南洋的印度宗教，琅邪的讀音非常接近印度教濕婆的神廟林伽 Linga，現在南洋有很多地名稱為林伽。而 Linga 和 Naga 的讀音也類似，Linga 最早是指濕婆的男性生殖器，恰好也和龍的含義相通，是

〔註1〕周運中：《道士開闢海上絲綢之路》，花木蘭文化事業有限公司，2020 年，第
　　　35～62 頁。

不是同源字呢？

四、羨門、不得、大跡與印度

秦始皇時有燕地方士羨門高，《史記‧封禪書》：「於是始皇遂東遊海上，行禮祠名山大川及八神，求仙人羨門之屬……自齊威、宣之時，騶子之徒論著終始五德之運，及秦帝而齊人奏之，故始皇採用之。而宋毋忌、正伯僑、充尚、羨門高最後，皆燕人，為方仙道，形解銷化，依於鬼神之事。騶衍以陰陽主運顯於諸侯，而燕齊海上之方士傳其術不能通，然則怪迂阿諛苟合之徒自此興，不可勝數也。」《秦始皇本紀》：「三十二年，始皇之碣石，使燕人盧生求羨門高誓。」

前人解釋羨門為仙人，其實羨門不是仙人，而是薩滿、沙門的音譯，薩滿和沙門同源。

秦始皇三十三年：「禁不得祠。明星出西方。」很多學者認為不得就是佛陀最早的音譯，秦代已有佛教傳入。此事和明星出西方連在一起，肯定有關，因為佛教正是來自中國西部。

有人認為不得是動詞，可是禁就是禁止，所以不可能再有一個不得。又認為不得不是佛陀，因為不得的古音是 pudck，而佛陀是 Buddha，《魏略》：「謂復豆者，其人也。」復豆和不得的讀音也不同。〔註2〕

我認為這個觀點也有漏洞，因為印度漢譯為天竺、身毒、賢豆，竺、毒都是入聲，韻尾都是 k，而豆不是入聲，按照這個例子，則佛陀也可以譯為不得。

而且《漢書‧地理志上》記載巴郡宕渠縣（治今四川渠縣）的西南有符特山，符特和不得的上古音極為近似，符特山正好在西南通往秦地的路上，這難道僅僅是巧合嗎？

司馬遷《史記‧封禪書》：

> 上遂東巡海上，行禮祠八神。齊人之上疏言神怪奇方者以萬數，然無驗者。乃益發船，令言海中神山者數千人求蓬萊神人。公孫卿持節常先行候名山，至東萊，言夜見大人，長數丈，就之則不見，見其跡甚大，類禽獸云。群臣有言見一老父牽狗，言「吾欲見巨公」，已忽不見。上即見大跡，未信，及群臣有言老父，則大以為仙人也。

〔註2〕楊憲益：《「不得祠」辨誤》，《譯餘偶拾》，山東畫報出版社，2006年，第288～289頁。

宿留海上，予方士傳車及間使求仙人以千數。

早期佛教傳播時缺乏塑像，往往用佛的腳印作為符號。漢武帝派數千人出海，肯定有人到達南洋，很有可能接觸到佛教，所以崇拜大足跡。

第十五章　丹砂與長生

　　中國的汞（水銀）集中分布在西南的重慶、貴州、湖北、湖南交界處，汞的硫化物即丹砂，又名朱砂，丹砂集中產自辰水（今錦江）流域，所以丹砂又被稱為辰砂。丹的本義是丹砂，許慎《說文解字》卷五下：「丹，巴越之赤石也。象採丹井，一象丹形。」丹字外面的方框是礦井之象，中間的一點表示礦井中的丹砂。《史記・貨殖列傳》提到江南、巴蜀物產有丹沙，即丹砂。

　　因為丹是天然紅色燃料，所以引申為紅色。水銀是稀有金屬，常溫常壓下唯一以液態存在的金屬。東西方的術士都把丹砂看成是重要的礦物，雖然有劇毒，但是仍然被製成多種藥物。因為方士把丹砂製成仙藥，所以丹又引申為仙丹之意。有趣的是，出產丹砂的西南地區，又被古人看成是仙人所居之地。

一、丹砂、羽仙山、酉源

　　中國古代有羽化成仙的說法，又傳說西南有羽民國，羽民國在何處呢？

　　《山海經・海外南經》說：

> 南山在其東南……比翼鳥在其東……一曰在南山東……羽民國
> 在其東南，其為人長頭，身生羽。一曰在比翼鳥東南，其為人長頰。

　　古代的南山一般指終南山，即秦嶺。秦嶺向西一直延伸到崑崙山，都被稱為南山。《史記・大宛列傳》記載張騫在大月氏：「留歲餘，還，並南山，欲從羌中歸，復為匈奴所得。」蟲為蛇，指梵語的蟲 jantu，讀音接近漢語蛇的上古音透母魚部 djyai。蛇為魚，指梵語的蛇 ahi，極近漢語魚的上古音疑母魚部 nga，現在閩南語的魚讀為 hi。

　　玄奘《大唐西域記》卷二《印度總述》之六《衣飾》：「或衣孔雀羽尾。」

毗濕奴 Visnu（遍入天）第八次的化身黑天 Krsna 的神鳥是孔雀，黑天派的人以孔雀羽毛為衣飾，稱為孔雀行者 Māyūravartin。〔註1〕羽民的讀音接近亞穆納河 Yamuna，靠近秣菟羅國 Mathura，在今馬圖拉，此地是遍入天派的中心，據傳是黑天的誕生地，今天仍然是印度的聖地，應是羽民國。Mathura 的讀音接近孔雀 Mayūra，地名很可能源自孔雀。

江西新干縣（原新淦縣 1957 年改名）大洋洲出土商代的玉雕羽人，2000年荊州出土戰國木雕羽人站在鳳鳥（孔雀）背部，2008 年襄陽漢魏墓出土了銅羽人，萊越漢魏墓出土的陶樓上有類似的羽人浮雕，都是典型的南方圓臉。〔註2〕西安出土的漢代羽人是典型的長臉，不過這可能是受到《山海經》的影響。大理喜洲鎮弘圭山出土東漢青銅鳥背部有羽人，手持藥罐。〔註3〕

屈原《楚辭・遠遊》說：「仍羽人於丹丘。」丹丘即產丹砂之山，說明羽民國在西南丹砂集中產地。唐代的道士元丹丘是李白的好友，李白有很多詩歌提到他，最著名的是《將進酒》，唱道：「岑夫子，丹丘生，將進酒，杯莫停。」因為丹丘是仙人所居，所以他以丹丘為名。

北宋樂史《太平寰宇記》卷一百二十黔州黔江縣：

> 羽人山，一名神仙山，在縣東四百三十里，山頂與澧州分界。

羽人山即《山海經》羽民國，在黔江縣之東三百里。三百里是個概數，未必精確。古人特別是古代的外人對這一帶地理不太暸解，所以記載往往不太精確，黔江距離澧州還有很長距離，我們不妨把羽民國的神仙山理解為重慶、湖南、湖北交界處的山區。

黔江一帶，古代盛產丹砂，所以東漢末年在今黔江設丹興縣，這是黔江歷史上所設的第一個縣。《華陽國志》卷一《巴志》涪陵郡：「丹興縣，蜀時省，山出名丹。」《太平寰宇記》涪州：

> 獻帝建安中，涪陵謝本，以涪陵廣大，白州牧劉璋，分理丹興、漢葭二縣，以為郡。璋乃分涪陵，立永寧，兼丹興、漢葭，合四縣，置屬國都尉，理涪陵……晉《太康地記》：「省丹興縣，郡移理漢復，領漢葭、涪陵、漢平、萬寧等五縣。」……其省丹興縣，蓋在今黔

〔註1〕〔唐〕玄奘、辯機原著、季羨林等校注：《大唐西域記校注》，第 180 頁。

〔註2〕陳千萬：《襄陽出土的銅羽人與楚地巫術》，《楚文化研究論集》第十集，湖北美術出版社，2011 年。

〔註3〕周運中：《山海經通解》，第 頁。

州東二百里黔江縣是。張孟陽云：「丹興、漢葭二縣並出丹砂。」

丹興縣是漢末設立，西晉初年省，不是蜀漢時省，《華陽國志》微誤。《太平寰宇記》參考資料包括很多古書，應以所引西晉《太康地記》為準。〔註4〕今黔江仍有汞礦，彭水縣東北部還有郁山鎮朱砂村，靠近黔江，附近的酉陽、秀山等地都有汞礦。

古人認為服用丹砂或含汞的仙藥可以長壽，甚至羽化成仙，變成仙人，所以傳說丹丘有羽人。所以後世很多煉丹的方士都用水銀煉製仙丹，期望長生不老。其實這是誤解，古代的西南人長壽不是因為服用丹砂，而是因為中國西南多山，與世隔絕，戰爭較少，空氣、水質都很好，所以這裡的人比較長壽。傳說桃花源就在武陵郡，這裡就是長壽地區。今日的廣西巴馬縣是長壽之鄉，廣西北部的南丹就是因為丹砂得名。但是巴馬人的長壽也和丹砂毫無關係，主要是因為水質、空氣、土壤、飲食、生活方式等原因。

酉水源頭產丹砂，《中次十經》的第七山又原山：「其陽多青䃤，其陰多鐵，其鳥多鴝鵒。」又原山很可能是酉源山之誤，也即在酉水源頭，《漢書‧地理志》武陵郡充縣：「酉原山，酉水所出，南至沅陵入沅，行千二百里。」充縣治今桑植縣，酉原即酉源，《水經注》卷三十七《沅水》：「酉水導源益州巴郡臨江縣，故武陵之充縣酉源山。」說明酉水源頭確實叫酉源山。

酉水源頭在今湖北省宣恩縣、來鳳縣等地，重慶東南的酉陽縣、秀山縣都在酉水流域。又原山出產青䃤，䃤就是丹砂，䃤字左邊是丹。《尚書‧梓材》：「若作梓材，既勤樸斲，惟其塗丹䃤。」《山海經‧南次三經》雞山：「其下多丹䃤。」東晉郭璞注：「䃤，赤色者，或曰：䃤，美丹也。」《說文解字》卷五下：「䃤，善丹也。」酉水源頭附近正是出產丹砂，所以又原山很可能是酉源山。

《山海經》最末一篇《海內經》還記載了靠近巴地的流黃辛氏國，《海內經》說：「西南有巴國……有國名曰流黃辛氏，其域中方三百里，其出是塵土。有巴遂山。」其實這個流黃就是硫磺，原圖把硫磺畫成黃點，後人誤解為黃色的塵土，塵土不可能成為物產，自然應是硫磺。今桑植縣有沙壩硫磺礦，酉陽縣也有硫磺村，說明巴地確有硫磺。總之，《山海經》記載的西南礦產詳確可信，證明丹砂記載也很可信。

〔註4〕〔晉〕常璩著、任乃強校注：《華陽國志校補圖注》，上海古籍出版社，1987年，第43頁。

二、濮人丹砂、巴寡婦清和丹興縣

《逸周書》保存了很多珍貴的上古史料，其中《王會》記載四方民族進貢之事，其實今本包含了兩篇文獻。前一篇是主體，即《王會》，記載周成王時四方民族進貢之事。最末還附有一篇，記載伊尹命令四方民族進貢之事。這兩篇託名是商周之事，其實都是戰國人所作。但是仍然反映上古情況，所以還是很珍貴的史料。前一篇記載西方各族，從西北到西南，說到：「蜀人以文翰，文翰者，若皋雞。方人以孔鳥。卜人以丹沙。」附篇也說到伊尹命令西方進貢的貢品，第一個就是丹青，丹即丹砂。

方人在蜀人之南，方人就是彭人，古音極近，古無輕唇音，方即邦，方的上古音是幫母陽部 piang，彭的上古音是並母陽部 beang，彭的原義是敲鼓發出的聲音，左邊是鼓的形象，右邊的三點表示聲音，所以讀為 beang，現在浙江台州話的彭還讀為 bang，閩南話讀為 pang。《尚書·牧誓》說到周武王伐商，有庸、蜀、羌、髳、微、盧、彭、濮人追隨，彭與濮鄰。彭是西南大姓，今重慶還有彭水縣。彭人之南的卜人就是濮、僰，上古音的卜、濮都是幫母屋部 pok，卜人進貢丹砂，說明丹砂來自濮人。而濮人古代正是分布在湖北、重慶、四川、雲南、貴州一帶，這與丹砂的分布地吻合。

值得注意的是，今彭水縣郁山鹽井和朱砂村的西北，郁江有支流名為普子河，顯然是濮子。說明出丹砂處，原來也有濮人。

古代很多帝王為了萬壽無疆，服用仙丹，中毒而死。第一個皇帝贏政，雖然威風凜凜，還是被方士們騙了。他不僅任用方士煉丹，還在墓中鋪滿了水銀，《史記·秦始皇本紀》說：「始皇初即位，穿治酈山，及併天下，天下徒送詣七十餘萬人，穿三泉，下銅而致槨，宮觀百官奇器珍怪徙臧滿之。令匠作機弩矢，有所穿近者輒射之。以水銀為百川江河大海，機相灌輸，上具天文，下具地理。以人魚膏為燭，度不滅者久之。」

為了尋求水銀，贏政必須拉攏中國西南的酋長，包括巴寡婦清，《史記·貨殖列傳》說：

> 而巴寡婦清，其先得丹穴，而擅其利數世，家亦不訾。清，寡婦也，能守其業，用財自衛，不見侵犯。秦皇帝以為貞婦而客之，為築女懷清臺。夫保鄙人牧長，清窮鄉寡婦，禮抗萬乘，名顯天下，豈非以富邪？

巴人有個女酋長，名字叫清，她的家族世代佔據一個丹砂礦。贏政為她修

建了一個高臺，把她請去。司馬遷認為是嬴政褒獎貞婦，又說窮鄉的寡婦能夠禮抗萬乘，名顯天下。其實這是司馬遷不明地理，也沒有看穿嬴政的用心。嬴政築臺，其實是軟禁寡婦清，把她的丹砂礦收歸己有，好取得水銀來鋪他的陵墓，拿水銀來煉製長生不老的丹藥。

巴寡婦清的家鄉在今重慶東南，《史記集解》引徐廣曰：「涪陵出丹。」《正義》引《括地志》云：「寡婦清台山，俗名貞女山，在涪州永安縣東北七十里也。」《太平寰宇記》卷一百二十涪州樂溫縣：「永安故城，武德元年析涪陵、巴二縣地，於今州西南一百五十里置，以縣北永安山為名。開元二年，民以為非便，遂廢。」永安縣在涪陵西南，《太平寰宇記》涪州賓化縣：「寡婦清臺，俗名貞女山。」賓化縣在今南川市，則巴寡婦清的故鄉在今涪陵、南川一帶。

巴地以出丹聞名，《華陽國志》卷一《巴志》開頭列舉物產，說到：「蠶、桑、麻、苧、魚、鹽、銅、鐵、丹、漆、茶、蜜。」涪陵郡又說：「無蠶桑，惟出茶、丹、漆、蜜、蠟。」

這一帶還有不少地方出產丹砂，《太平寰宇記》卷一百二十黔州都濡縣：「丹陽山，在縣西南二十五里，有丹陽水出焉。波博水，在縣西南一百里，又南流注丹陽水。」〔註5〕丹陽縣也和丹砂有關，在今貴州省務川縣。次卷費州土產有朱砂，在今貴族思南縣、德江縣一帶。又次卷沅州土產有丹砂，卷一百一十八朗州武陵縣（治今常德市）：「丹砂井，泉水赤如絳。」

三、范長生、仙人室和夷事道

丹興縣出了一個著名道教領袖范長生，被割據西南的成漢建立者李特尊為丞相，《華陽國志》卷九：「迎范賢為丞相……賢既至，尊為四時八節天地太師，封西山侯，復其部曲，軍徵不預，租稅皆入賢家。賢名長生，一名延久，又名九重，一曰支，字玄，涪陵丹興人也。」《十六國春秋》：「長生善天文，有術數，民奉之如神。」

前人未曾注意，《水經注》卷三十七《夷水》：

> 夷水又東逕石室，在層巖之上。石室南向，水出其下，懸崖千仞，自水上徑望見。每有陟山嶺者，扳木側足而行，莫知其誰，村

〔註5〕譚其驤主編《中國歷史地圖集》第五冊第30頁，都濡鎮在今彭水縣南，第六冊第59頁標都濡縣在務川縣北界，但根據波博水的里距，其南界應到務川縣南部。

人駱都，小時到此室邊採蜜，見一仙人，坐石床上，見都，凝矚不
轉。都還招村人重往，則不復見。鄉人今名為仙人室。

夷水靠近黔江，確實有道士出沒。雖然夷水未必是廩君所攻打的夷水，但
是應屬廩君之地。

唐代樊綽《蠻書》卷十：「又黔、溠、巴、夏四邑苗眾，咸通三年春三月
八日，因入賊朱道古營柵，竟日與蠻賊將大羌楊阿觸、楊酋盛、柘東判官楊忠
義話，得姓名，立邊城，自為一國之由。祖乃盤瓠之後，其蠻賊楊羌等雲綻盤
古之後。此時緣單車問罪，莫能若是。咸通五年六月，左授夔州都督府長史，
問蠻、夷、巴、夏四邑根源，悉以錄之，寄安南諸大首領。詳錄於此，為《蠻
志》一十卷事，庶知南蠻首末之序……按《夔城圖經》云：夷事道，蠻事鬼。
夷、蜑居山谷（注：蜑即蠻之別名），巴、夏居城郭。與中土風俗、禮樂不同。」

盤古即盤瓠，說明蠻是苗族。蠻、夷、巴、夏，對應黔、溠、巴、夏。唐
代無溠州，溠或是溪州之誤，字形接近。溪州在今湖南西北部，是苗族、土家
族居地，都是漢藏語系，所以溪州對應蠻。黔州對應夷，因為黔州所屬民族多
數是侗臺民族。《太平寰宇記》卷一百二十黔州風俗：「雜居溪洞，多是蠻、獠。」
卷一百二十二思州風俗：「蠻、獠雜居，言語各異。」獠是侗臺語系民族，也
即夷，語言和苗族不同。

南宋《輿地紀勝》卷一百七十四涪州風俗引《涪州圖經》說：「其俗有夏、
巴、蠻、夷。夏則中夏之人，巴則廩君之後，蠻則盤瓠之種，夷則白虎之裔。
巴、夏居城郭，蠻、夷居山谷。」巴是廩君王族，居住在城市。夷是白虎子孫，
居住在鄉村。說明巴人的王族和民眾，文化差異很大。

北宋《太平寰宇記》卷一百二十黔州說：「控臨蕃種落：牂牁、昆明、柯
蠻、桂州、提筢、蠻蜑、葛獠、沒夷、巴、尚抽、勃儺、新柯、俚人、莫猺、
白虎。」蠻蜑一體，說明蠻就是蜑。巴不是白虎，印證了上述二書。

夷事道，蠻事鬼，說明苗族的宗教和夷人差異很大，夷人信奉道教，無疑
是指土家族。

涪陵郡民族很多，《華陽國志》卷一涪陵郡：

地山險水灘，人多戇勇，多獽、蜑之民。縣邑阿黨，鬥訟必死。
無蠶桑，少文學，惟出茶、丹、漆、蜜、蠟。漢時赤甲軍，常取其
民，蜀丞相亮，亦發其勁卒三千人為連弩士，遂移家漢中。延熙十
三年，大姓徐巨反，車騎將軍鄧芝討平之……山有大龜，其甲可卜，

其緣可作叉，世號靈叉……丹興縣，蜀時省，山出名丹……諸縣北
有獽、蜑，又有蟾夷也。

獽即百越獠人，證明蜑是苗蠻。又有一種蟾夷，不是越，不是苗，或許是
土家族。蟾稱夷，則接近越人，或許是混合民族。

任乃強認為蟾、冉音近，冉、丹形近，所以是今冉姓祖先，因為開採丹砂
得名。我認為，蟾、冉音近，但冉、丹韻部不同，所以蟾夷未必因為開採丹砂
得名。蟾、冉是談部，或許和四川的丹駹一樣屬於 Y 染色體為 D 的民族。

四、長生冥靈即鱉靈、廩君

廩君是南亞語系民族，今雲南的南亞語系民族有布朗族、佤族、德昂族，
上古北遷到貴州、重慶一帶，《漢書・地理志》牂牁郡：「鱉，不狼山，鱉水所
出。」前人誤以為鱉縣在今遵義西，我認為在遵義北，李吉甫《元和郡縣志》
卷三十播州芙蓉縣：「西南至州六十里，貞觀五年置在芙蓉山上。」芙蓉即不
狼、布朗、涪陵，也即無量，雲南的無量山正是南亞語系民族居住中心。

也即鱉靈，《華陽國志》卷三《蜀志》說：

後有王曰杜宇，教民務農，一號杜主……號曰望帝，更名蒲
卑……會有水災，其相開明，決玉壘山以除水害。帝遂委以政事，
法堯、舜禪授之義，遂禪位於開明，帝升西山隱焉……開明立，號
曰叢帝……九世有開明帝，始立宗廟，以酒曰醴，樂曰荊……周顯
王之世，蜀王有襃、漢之地。因獵谷中，與秦惠王遇。

再看《莊子・逍遙遊》說：

楚之南有冥靈者，以五百歲為春，五百歲為秋。

冥靈，其實就是鱉靈，也即廩君，上文說過，廩讀鄙廩，讀音接近。廩君
住在今烏江流域，是出產丹砂、靈龜的長壽之鄉。這裡有占卜的靈龜，所以鱉
靈既是音譯，也兼有意譯。

五、落下閎與印度天文學

巴被楚國和中原人鄙稱為下里巴人，但是巴國竟然有最發達的天文學，
《史記・曆書》：「至今上即位，招致方士唐都，分其天部。而巴落下閎運算轉
歷，然後日辰之度與夏正同。」《索隱》引姚氏案：

《益部耆舊傳》云：「閎字長公，明曉天文，隱於落下，武帝徵

待招太史，於地中轉渾天，改顓頊曆，作太初曆，拜待中不受。」

巴地的鄙人竟有中國最高明的天文學，巴地已經是蠻荒之地，這種高明的天文學顯然是從印度傳入。唐都的分野是把天上的星辰對應地上的區域，不是天文學。現在我們看到的《史記‧天官書》源自落下閎，其中的術語顯然是漢語音譯的外語。

天文學家已經指出，《周髀算經》的天文學很可能從印度傳入。《周髀算經》成書於前 100 年左右，時間正是在漢武帝時。書中宇宙模型非常接近印度在前 1000 年成書的《往世書》中的宇宙模型：

1. 天、地都是圓形的平行平面，日月星辰作圓周運動
2. 璇璣、迷盧山都是大地中央的天柱，上方都是北極
3. 周地和印度都被看成是在大地的南方
4. 天地距離都是以八萬為單位
5. 迷盧山外的七山七海對應七衡六間

另外其中還有北極、熱帶知識：

極下不生萬物，何以知之？……北極左右，夏有不釋之冰。中衡去周七萬五千五百里。中衡左右，冬有不死之草，夏長之類。此陽彰陰微，故萬物不死，五穀一歲再熟。凡北極之左右，物有朝生暮獲，冬生之類。

由於《周髀算經》是中國歷史上唯一的幾何宇宙模型，沒有地球概念卻能知曉寒暑帶，而且把中原看成是在大地的南方，所以無疑是從印度傳入。〔註6〕

我認為，落下很可能是印歐語的光明，波斯語是 roxš，印地語是 raušnī，孟加拉語是 alo，緬語是 alang，奧里薩語是 alokô，緬語顯然是受到印度東部語言影響。落下的上古音是 lak-ha，很接近印歐語的光明，特別是東部印度的奧里薩語。現在英語的 light 也是同源字，撒丁語的 lughe 很接近落下，所以古代印度語的光明更接近落下。落下閎的祖先很可能是來自印度的婆羅門，通曉天文學，所以姓光明。

郭沫若認為，中國的十二辰源自巴比倫黃道十二宮，十二歲的名字也是外語音譯。〔註7〕歲星（木星）紀年的十二歲名是：攝提格、單閼、執徐、大荒

〔註6〕江曉原：《〈周髀算經〉與古代域外天學》，《自然科學史研究》1997 年第 3 期。
〔註7〕郭沫若：《甲骨文字研究‧釋干支》，《郭沫若全集》考古編第一卷，科學出版社，1982 年。

落、敦牂、協洽、涒灘、作噩、閹茂、大淵獻、困敦、赤奮若，確實不是漢語。
法國人巴伊里（S. Bailly）提出巴比倫、印度、中國天文學同源，李約瑟認為
中國的二十八星宿可能源自巴比倫。〔註8〕也有學者認為未必成立，但是也不
完全否定。〔註9〕中國天文學可能在上古就有來自西方的成分，其中一個傳入
通道就是印度。

〔註 8〕李約瑟：《中國科學技術史》第四卷，科學出版社，2008 年。
〔註 9〕江曉原：《天學真原》，譯林出版社，2011 年，第 233～263 頁。

結論　道家思想源自文化交流

　　通過本書的論證，我們已經可以肯定，上古的道家思想受到西方胡人的強烈影響才形成，早期很多方士就是西域的胡人。所謂的本土宗教道教其實也是來自西方，至少是被西方文化催生。仰韶文化的人面雙魚像就是在 6000 多年前從西亞引進的水神，夏商周時期的文化交流也很正常，文化交流伴隨全人類的歷史。事實上越是能引進外來文化的民族才能越強盛，越強調本土文化越反映出自卑的心態。地球上從來不存在孤立的民族和文化，文化是在交流中發展，文化從交流的觀點去考察才有意義。

　　張遠山提出道家文化是順道文化，而儒家文化是悖道文化，順道文化能和現代世界的普世價值接軌。他雖然指出了儒家文化和道家文化的不同性質，但是沒有發現道家文化的西域源頭。〔註1〕

　　我這本書探尋道教思想的西方源頭，也不否認西方人同時傳播東方的文化到西方，只不過東方的很多文化依靠東方的地理環境，比如造紙、絲綢、茶葉、瓷器等，在上古還很難移植到草原和沙漠地帶。東方的家族文化建立在農業社會基礎上，所以也很難移植到西方。西方人在宗教文化上更勝一籌，所以我認為上古的東西方文化交流，至少在精神層面是西方輸入東方的多一些。胡人巫師很早就從草原來到中原，他們有強烈的宗教虔誠和傳播文化精神。不過上古傳來的西方文化沒有改變上古東方社會的基礎，不管是農業宗法制，還是官僚體系和語言文字，都沒有被西方文化改造。所以我們不必否認道家思想的西方源頭。

〔註1〕張遠山：《獨與天地精神往來：莊子奧義》，天地出版社，2020 年。

　　輸入東方的西方文化雖然看似非常新穎，老莊的文字確實振聾發聵，但是幾千年來在東亞大陸不過是主流文化的補充，佔據統治地位的仍然是法家和儒家思想，而不是道家和佛家思想，也不是更晚傳入的三夷教（景教、瑣羅亞斯德教、摩尼教）。儒家瞧不起方士，瞧不起方技，因為這些原本不是本土形成，這些外來的思想作為補充有什麼不好呢？

　　道家思想不僅在古代極具價值，在今天的全球化時代，越來越顯出其巨大的價值。經過近代的千年大變局，進入工業化時代，西方文化如潮水般輸入，法家和儒家思想的統治地位已經瓦解。道家的地位看似沒有提高，其實可以獲得新生，道家重視自然，對今天的生態保護有重要意義。道家注重養生，對今天的社會很有幫助。鄭開指出，莊子哲學和現代科學、哲學契合，也契合市場經濟提倡自發秩序的精神。〔註2〕

　　如果我們知曉了道家思想本來就是幾千年來東西方文化融合的產物，就會更加重視其價值。現代科技有兩面性，既可以為人造福，也可以破壞環境，造成各種疾病，危害全人類的健康。所以我們需要在今天反思，人類要清楚自己的侷限，人類不可能完全戰勝自然，更不應該有藐視自然的想法。人類在宇宙中非常渺小，或許人類不過是地球的過客。如果我們濫用技術，甚至妄想借助科技來殘害他人，必然會走向自我毀滅之路。

　　看待自己的人生需要豁達，明白百年一瞬，白駒過隙。看待人和自然的關係也要平淡，爭取天人合一，道法自然。看待民族和文化之間的關係應該是順其自然，圓融無礙。

〔註2〕鄭開：《莊子哲學講記》，廣西師範大學出版社，2016 年。